U0827373

告别土豪

中国慈善新时代

宋厚亮◎著

北京日报出版社

图书在版编目（CIP）数据

告别土豪 : 中国慈善新时代 / 宋厚亮著. — 北京 :
北京日报出版社, 2015.10
ISBN 978-7-5477-1792-9

Ⅰ. ①告… Ⅱ. ①宋… Ⅲ. 慈善事业－研究－中国
Ⅳ. ①D632.1

中国版本图书馆CIP数据核字(2015)第206228号

告别土豪：中国慈善新时代

出版发行：北京日报出版社
地　　址：北京市东城区东单三条 8-16 号东方广场东配楼四层
邮　　编：100005
电　　话：发行部：（010）65255876
　　　　　总编室：（010）65252135-8043
印　　刷：廊坊飞腾印刷包装有限公司
经　　销：各地新华书店
版　　次：2015 年 10 月第 1 版
　　　　　2015 年 10 月第 1 次印刷
开　　本：710 毫米×1000 毫米　1/16
印　　张：17
字　　数：200 千字
定　　价：68.00 元

版权所有，侵权必究，未经许可，不得转载

推荐语

厚亮为人敦厚，内心光明。名如其人，文如其人。他对几位企业界大佬慈善之路的采访报道，获点赞无数，不是没有道理的。我读过发表于《中国慈善家》的上述每篇文章，除了点赞，还转发。借此结集出版，予以隆重推荐，保证开卷有益。

——徐永光，希望工程创始人、南都公益基金会理事长

荀子说：积善成德而神明自得，圣心备焉。此即谓善念善行，足以自我救赎。

——野夫，作家

一个社会的文明程度，有许多指标，但不可否认的是，慈善永远是社会文明最为重要的内容。企业家通过各种慈善事业，让更多的人分享社会发展的成果，毫无疑问，是社会文明进步的重要标志。

——于建嵘，中国社会科学院教授

对当代中国财富的品质、对先富起来的群体，人们多有议论，其中并不仅仅因为人性的羡慕嫉妒恨。这些年公益慈善成为热词，证实了中国人有管理运用好财富的能力。传统所说理财正辞为义，聚天下之人不可无财，理天下之财不可无义。真正的财是和义为一体。人生的公益慈善化，庶几近之！

——余世存，学者、作家

录宋代张载四句教：为天地立心！为生民立命！为往圣继绝学！为万世开太平！贺新书出版。

——王守常，中国文化书院院长、北京大学教授

在这里，我们看到那些在市场经济的大潮中搏浪勇进、长袖善舞的佼佼者们，如何在公益慈善的舞台上塑造着一个个全新的角色，如果把企业做好是他们在实现自己的天赋，那么，把公益做好就是他们在完成自己的修身！

——陈越光，中国文化书院副院长

当人们信的几乎只剩下金钱，仰的几乎只剩下权力，而财富与权力的偶像又纷纷崩塌的时候，我们就知道，回归意义、重拾梦想的时刻已经来临。让这个世界变得更美好，让成功与财富更有意义，《告别土豪：中国慈善新时代》这本书中的人物就是在做这样的努力，并成为榜样。

——刘东华，正和岛创始人兼首席架构师、中国企业家俱乐部创始人

中国正无可避免地进入一个幸福的重新定义和生命价值失落的重新寻找并推动公共精神与公共空间重构的时代，企业家无疑是这一时代的典型代表，宋厚亮的采访和被采访者的故事，或许能带给您启迪心灵和把脉时代走向的脉冲。

——何道峰，中国扶贫基金会执行会长、基金会中心网理事长

慈善乃至高公德，从企业家升级为慈善家，是中国财富向善的基本标志。厚亮的深度采访，留下了中国慈善新时代的历史见证！

——王振耀，中国公益研究院院长

慈善更多是一种信仰，源自对地球和众生的爱与责任。公益人士如同传教士，身体力行地传播和倡导，将一粒粒爱的种子播撒到人们的灵魂深处，用爱的力量感召每个人、每个家庭甚至整个社会。

感恩《告别土豪：中国慈善新时代》书中访谈到的每一位爱的播种者，感恩许许多多为了慈悲付出的善心人士。愿爱在心头，滋润大地；爱在路上，从未放弃……

——加措活佛，慈爱基金发起人

这些人从来就不是土豪。在过去的数十年，他们自我觉醒，在经济领域奋力拼

搏，为社会创造巨大财富，是中国宝贵的生产力。现在，他们追寻更美生命，转身公益慈善，携其财富、智慧和资源等直接服务社会，帮助人群，令我们的生活更美好。厚亮集结这本书，记录他们的故事，必将影响和鼓舞更多企业界精英投身公益慈善，有力推动社会建设，善莫大焉。

——邓飞，免费午餐发起人、e农计划发起人

什么叫企业家？企业家就是敢担社会责任的社会精英！中国不缺人，更不缺官，缺的是敢于担当的企业家！但愿《告别土豪：中国慈善新时代》唤起更多人的良知，不当土豪，争当企业家！

——保育钧，原全国工商联副主席

我们每个人都是公益路上的行者——孙悟空，愿与读者朋友一起衷心地期待“中国慈善新时代”的到来！

——六小龄童，著名表演艺术家

在《告别土豪：中国慈善新时代》中，从企业家到慈善家、公益家，他们的转型，是内心价值的转型，是生活方式的转型，是生命意义的转型。

——毛大庆，优客工场创始人、原万科高级副总裁

慈善是一项集体主义行动。

——袁岳，零点研究咨询集团董事长

孟子云：恻隐之心，仁之端也。被孔孟儒学视为君子最高境界的仁，是从恻隐而发端。其实，公益也好，慈善也好，都是君子人格对社会的表达。

——陈浩武，长江证券公司创始人、石门坎教育公益基金会理事长

作为成功企业家做慈善，不单单是为慈善注入资本、配置资源，更重要的是在社会当中起到一个倡导、引领的作用，营造了社会积极、向善的氛围。此书集合了这些有社会责任感的企业家为中国慈善事业发展中所作出努力的故事，相信他们的

故事会激发更多人关注慈善、参与慈善，为社会增添更多正能量!

——杨扬，国际奥委会委员、奥运冠军

长期被物质和使命拘押，中国人的生命大多陷于昏暗的收缩点。敬畏天赋、天性和灵性的慈善，是生命的救赎。这是本书传递的慈善新时代。

——王育琨，管理专家

“富而好礼”， 孔子如此激励中国第一代自由商人子贡，以财富建设文明。此为两千年来中国企业家之大传统。本书记录了当代最活跃的企业家，如何由求富而好礼。这已开启了中国企业家的文化自觉时代。

——姚中秋（秋风），天则经济研究所理事长

做慈善不仅仅是大把地往外撒钱，它首先是表达一种人生态度，实现一种精神境界；做慈善，是一种付出，同时也获得了一种在任何领域都难以企及的心理满足，读这本书，相信你会对慈善有全新的认识。

——解玺璋，著名学者、作家

外面的进行着的夜，无穷的远方，无数的人们，都和我有关。——鲁迅1936年8月23日《这也是生活》。

——周令飞，鲁迅之孙

如果慈善仅仅是出自一种伦理责任，甚至一种功利的装潢动机，而不是一种发乎于心的情感需求，那么，慈善恐怕还只是这个时代财富欲望的另外一类演出。在厚亮的这本书中，你将会看到，财富正在努力修复我们这个族群在过去几十年中遭到严重侵蚀的基本情感。而我以为，这种情感乃是一个健康社会最重要的社会心理学基础。

——袁剑，独立学者、《奇迹的黄昏》作者

中国社会、文化、经济的发展让我们看到更多的群体参与到扶助弱势群体的大

军之中。

——孙伟，北京航空航天大学软件学院院长

从富人到慈善家，慷慨的不是钱，而是心；慈善家不仅仅是捐出财富，而且是净化自己的心灵。愿中国的慈善家越来越多。

——周志兴，共识网总裁

除了金钱，更想看到富人以他们的影响力和专业能力建设公益的新规则、新理念和新疆域。

——何力，界面新闻网联合创始人

公益慈善，是一个社会文明进步、积极向上的重要指标，是社会大多数人的自觉行为，它需要身体力行的引领者，作者笔下的企业家，正是我们这个时代的公益标杆。

——杨锦麟，媒体人

前些年有本书叫《大狗》，在富人阶层颇为流行——他们似乎也颇为自豪自己能被称为“大狗”，这至少说明在进化方面他们的确有一些“优势”——哪怕这些“优势”是来源于动物本能。但我相信他们绝不仅仅满足于“大狗”，因为人之所以为人，不是因为动物本能，而是因为更多的东西：人会思考意义、思考人生、思考什么是“性命、生命、使命”这些所谓“哲学”的东西。所以你可以说今天是最坏的时代，因为释放人性的时候，首先释放的是“动物性”——在“动物性”都无法保障的年代，何来人性？但你又可以说今天是最好的时代，因为人性的释放，最终会超越动物性，形成人性的升华。所有的艺术、哲学、还有这本书所说的“慈善”，都是“人性的升华”。我们终将告别动物时代，去拥抱人性的升华。

——曲向东，前中央电视台主持人、玄奘之路系列文化活动发起人

公益就像是一束光，它在照亮别人的时候，其实也温暖了彼此。我觉得在从事公益之后，内心会充满了更多的幸福感，这种幸福感对于现代人来说，恐怕是一

个奢侈品。在《告别土豪：中国慈善新时代》这本书中，我们看到，企业家尤其如此。

——陈伟鸿，中央电视台主持人

聚财有道，散财亦有道。如何面对财富是个老话题，世界上每个民族都有不少智慧箴言，但今天中国财富人物开始思考如何更好地散财时，则意味着一个公益新时代的开启。

——南香红，著名媒体人

企业家变成慈善家，是一种福音。企业家不是财富的占有者，只是财富的管家。拼命地挣钱，拼命地省钱，拼命地捐钱，如果一个企业家理解不了这些箴言，那些成堆的财富就会变成企业家的坟墓。

——苏小和，诗人、财经作家

中国改革开放三十多年，诞生了一批富豪，这本书告诉大家的不是怎么挣钱，而是如何更有意义地花钱。财富的最后归宿是什么？我认为是回归社会。

——李志刚，财经作家、《创京东》作者

安德鲁·卡内基说：在巨富中死去是一种耻辱。他将自己从钢铁业中赚到的巨额财富用于慈善事业。这句话也激励着全球的超级富豪投身公益事业。如今，火炬传来，中国的新富阶层开始加入这个群体。宋厚亮的这本书记录的就是这个过程。

——李翔，财经作家

宋厚亮的著作，回应了这个时代转型的重大命题，一批在野蛮生长中先富起来的中国人，如何实现自己的升华？如何用财富为这个时代和同胞创造更大的价值，承担更大的的责任？

——郭宇宽，著名媒体人、作家

导读

◇章诒和

山依旧，水依旧，花自飘零水自流。在无情的岁月里，人是最经不起消磨的。我们每个人都会或早或晚地老去，而有的人已回归黄土。所以，那首“人面不知何处去，桃花依旧笑春风”的诗句和古老故事，一直传唱不衰。

注意到时光的流逝所带来的变化，也就注意到自己生命的意义。为了后者，一些人在成功的路上转身，投向没有回报的慈善事业。

有人问我：“你站在海边，觉得什么时候的风景最美？”

答：“夕阳将至，即将转身离去的那一刻。”

不问你的财富如何得来，当你把它奉献给社会，那就是你生命中“最美的一刻”。

2015年7月7日

[序]

公益慈善就是生活方式！

◇崔永元

我们一直有个错误的观念，以为公益慈善都是土豪和有钱人干的事儿，以为公益慈善就是好人好事儿，以为公益慈善，就是捐钱捐物。如果你还抱着这样的观念，显然，你已经out了！

我记得2012年我在采访NBA球星加内特的时候，当他知道我在做一个“为孩子加个菜”的公益项目，主动提出要捐款，我们说欢迎，当他说完一个天文数字后，吓了我们一跳，我说不用那么多，捐个5块、50块钱就行，可他说在他们那里，作为一个名星，虽然没有捐款限额，但每个人知道自己应该出多大力。所以我知道了，在美国，如果你不做公益慈善或做得不够，你是不会被人尊重的，甚至会被耻笑的。在那之后，我也发现，美国每年有80%以上的家庭会捐款，其中，每年捐款总额的70%以上，来自个人捐款，而中产阶级及以下收入群体捐款占总额的50%～80%，很多美国家庭，每年都会有支持公益慈善的财务计划，为公益慈善捐款，已经变成了他们的生活方式和习惯；而在中国，70%以上的捐款来自企业，个人捐款仅占20%～30%，对于中国而言，公益慈善，还仅仅只是好人好事。

公益慈善，当然不仅仅是捐款那么简单！有一年，我受邀参访土耳其，因为做公益慈善的习惯，我也特别希望了解土耳其的公益慈善文化，他们带我去了一堵墙，他们介绍说，在墙的一边，很多普通土耳其人会把钱压在石头下面，以供那些生活有困难的人来拿走用；我当时特别好奇地问了两个问题：怎么确认来拿钱的人都会是生活困难的人呢？怎么保证他们只拿他们需要的那部分而不是全部呢？带我们去的当地人一愣，想了想说：真主在看。

按照我的生活经验，我只是问了很“正常”的问题，从对方的回答里，我分明感受到了公益慈善，可不仅仅是捐钱那么简单，他们已经把公益慈善和信仰结合了，并且和信仰一起成为他们的生活方式。

反观我们，是不是经常能见到这样的景象：平常互相倾轧，大难来时，却争相献爱心；平常连父母亲戚都不尽职责，却特别热心于千里之外的失学儿童；一边昧着良心偷税漏税、挣黑心钱，一边举着支票在媒体上大谈特谈企业社会责任，平常满嘴仁义道德，却一肚子男盗女娼……我们为什么要把自己搞得如此分裂呢！

公益慈善不应是美化自己的化妆工具，它应该是每个人的一种生活方式，它和我们的工作生活统一融合不分裂；这种生活方式，其实很简单，就是从身边小事做起，比如关心流浪小动物、不乱扔垃圾、不加塞插队、给老人小孩让座、为外地人指个路、看演出认真听鼓鼓掌、看到好文章点个赞转发下等，努力做个不昧良心、好打交道、不给人添乱的人。

我经常在不同场合里都说：1000万人每人捐一块钱，胜于1个人捐1000万；公益慈善，不是谁比谁捐钱多，谁比谁更土豪，而是让更多的人用自己舒服的方式去做你认为有益的事儿，并且乐在其中，这样才能常期地做，把它变成自己的生活方式。比如我们永源基金会举办的爱飞翔乡村教师培训公益项目，倡导轻松公益、随手公益，降低门槛，让人人都能公益，想捐的可以捐钱，能提供服务的企业可以提供服务，大学生、中学生，甚至小学生来当志愿者，每一个北京市民还可以认领接待一名乡村老师一天；不能现场参与的，你还可以认领一个乡村孩子的愿望；直到今年，我们有一批志愿者已经连续四年每年暑假都要回来爱飞翔，按他们的话说：如果暑假没有爱飞翔他们会觉得缺点什么。我们有的公益支持单位，比如和睦家医院，已经连续五年为乡村老师体检，这也变成了他们的习惯。

公益慈善没有门槛，随手可及，人人参与，把偶尔的好人好事，变成一种生活方式；从阅读《告别土豪：中国慈善新时代》这本书开始，让我们一起告别土豪公益时代，遵从内心，随时从身边做起，让公益慈善变成生活习惯，培养和传承我们的精神财富，让我们的社会正常起来！

［自序］

企业家的下半场

◇宋厚亮

土豪，是最近几年的热词。

普罗大众用这个曾经大热的词语，再次戏谑嘲讽了这个时代显赫的企业家群体。历经1984年、1992年两股创业潮流，中国造就了庞大的企业家阶层。企业家的创业创新推动着经济的崛起，另一方面他们在野蛮生长中获取巨额财富，生活奢华，一掷千金。如同美国的19世纪下半页被称为“镀金时代”，中国自1978年之后的半个世纪或可称为“土豪时代”。

镀金时代最为知名的企业家之一、“钢铁大王”安德鲁·卡内基敏锐地发现，“我们这个时代的问题是如何恰当地管理财富。”“我们必须处理的唯一问题便是——怎样依法适当地管理这种现代文明塞进少数人手中的财富？”

幸运的是，卡内基找到了解决方案。他捐出了辛苦赚来的巨额财富，创办了卡内基音乐厅、卡内基梅隆大学、卡内基图书馆、卡内基和平基金会……他的后半生因此平安喜乐，为世人所敬。不仅仅是他，还有包括“石油大王”洛克菲勒在内的众多企业家都走上了同样的道路。他们以行动告别了镀金时代，以及世人给他们贴上的“强盗资本家”的标签。

“卡内基之问”这个命题同样适用于土豪时代的中国企业家。只是，他们如何管理迅速积聚的财富以及人生的下半场呢？

一段野蛮生长之后，社会理想在企业家群体中开始变得越来越重要。2004年，在北京首创集团总经理刘晓光的组织和动员下，数十位企业家共同发起成立了阿拉善SEE生态协会，宗旨是以内蒙古的阿拉善盟为起点，通过社区综合发展的方式解决荒漠化问题。这个环保组织，在此后的十年内，发展了二三百名会员，几乎涵盖了中国主流的企业家。王石、陈东升、马蔚华、冯仑、任志强、武克钢……这些分布在不同行业、不同地区的企业家，相聚一起，学习如何做慈善，如何治理NGO，如何改变环境。之后，一些积极分子则把所学的慈善理念散播出去，成立新的慈善机构。

一场全国范围内的慈善启蒙，则始于2008年。汶川大地震突然袭来，早已赚得盆满钵满的企业家，纷纷捐出巨款，5000万元乃至1亿元的额度，都出现了。这一年，被认为是1949之后的慈善元年，以民间为主体的慈善，终于到来。由企业家和企业捐款成立的慈善基金会，越来越多。

一方面，以阿拉善SEE生态协会、壹基金公益基金会为代表，企业家汇聚一起，建立公共慈善平台；另一方面，以老牛基金会、河仁慈善基金会为代表，企业家各自捐赠成立基金会。企业家对慈善的捐赠和参与热情愈发高涨。

这个时代在表面上仍是延续着的土豪时代，实则正在发生着鲜为人知的告别土豪的转变。企业家大概厌倦了土豪生活，像卡内基、洛克菲勒一样，在人生的下半场，比拼的不再是财富的多寡、生活的奢华，而是如何让财富更有社会价值，如何以公益慈善推动社会变革。

近几年，我就此主题采访了众多企业家。这本书收录的是一些主要文章。王健林、王石、牛根生、曹德旺、俞敏洪、马蔚华、任志强，他们代表了正在发生着转变的企业家群体。而来自香港的两个财富家族，陈启宗和曹慰德，则是转变后的企业家。

一个个丰富精彩的人物，我除了描写他们的下半场故事，还试图探究他们为什么要管理财富，为什么要做巨额捐赠，为什么对社会和文化的提升表现着浓厚的兴趣？

目录
Contents

附 录

后 记

01

俞敏洪

俞敏洪，1962年出生，江苏人，新东方教育科技集团创始人、董事长，2013年接手创建非营利的私立大学——耿丹学院。

俞敏洪的“遗产”

“首长好！”

“首长辛苦了！”

声如洪钟。北京工业大学耿丹学院2013级新生军训检阅仪式上，约1500名年轻学子被分成多个方阵，身着迷彩服，手戴白手套，面对当空烈日，他们一致向右看齐，在检阅首长自右而左走近时，纷纷喊出响亮的受阅口号。首长走过，他们又会悄悄转过头，目送首长，窃窃私语，脸上满是笑意。对于他们来说，首长的名字早已耳熟能详，不过以这种方式相遇，又完全出乎意料。

俞敏洪，平生第一次检阅大学新生

他们高喊的首长，就是新东方教育科技集团董事长俞敏洪。此时，他的另一个身份是，耿丹学院理事长。耿丹学院是民办性质的独立学院。

俞敏洪上身穿白色短袖衬衣，下身穿黑色西裤，黑色皮鞋，一如既往的商务穿戴。在一位着军装军官的陪同下，他平生第一次检阅大学的新生军训团。据耿丹学院院长助理李杜介绍，俞敏洪虽久历万人讲座，但当时却颇为紧张，一时手足无措。

检阅结束之后是新生典礼，俞敏洪发表了7000言的演讲。相比仪式化的检阅，这是他更擅长的事情。首先，他向学生和家长表态：学生的学费，他不会拿走一分钱，不仅如此，他还要持续不断地为学校捐款。接着，他以梦想为主题，既谈到自己的梦想，更意在激发学子的梦想。他期待耿丹学子，好好读书，独立思考，关注内心。

“你必须自己开悟，你必须自己明白，你必须自己通透，你才能够把所有学到的东西用在你的人生道路上。你的独立思考能力，你的领悟能力、判断能力，就变成了你在大学所应该具有的最重要的能力。”俞敏洪慷慨激昂。

所有在场之人，听之热血沸腾。

创办一所出色的非营利性的私立大学，是俞敏洪多年的梦想。这一天，2013年9月6日，正是新东方创业的第20个年头，他的梦想从此启航。

不以营利为目的

驱车100里，用时1个小时左右，就从北京市区来到了位于北京郊区的顺义区牛栏山镇。牛栏山为古镇，建于元朝，号称京东八大古镇之一。它广为人知，则是因为牛栏山二锅头的声名。耿丹学院就坐落于此，是顺义区仅有的一所大学。自此以后，因为俞敏洪和耿丹学院，也许牛栏山镇又会多一张响当当的名片。

“学校较为偏远。极好。守的就是这僻静。”李杜说。

耿丹学院院长甘德安研究发现，300年前，牛津大学、剑桥大学都是建在小镇，宁静；近100年，美国的大学大多建在靠近城市的地方。“耿丹学院为什么好？既在北京，又与北京有着一个小时的距离，它把宁静和大都市的工业化、信息化结合起来了，在宁静之中享受北京现代化城市的利好消息。”

进入耿丹学院的校园，放眼望去，看不到崭新的大楼，几座老旧的建筑，由红色砖块建成，房高层少，像极了北京“798艺术区”的建筑。教学主楼是一座只有两层的楼房，不过却有百米长。在其旁边，则是高达80米的烟囱，上面依稀可见“大海航行靠舵手，干革命靠毛泽东思想”几个大字。据学生介绍，此处成为拍照的最佳选择。校园占地500多亩，绿化超过50%，树龄普遍四五十年。杨树粗壮，需双臂围拢，高达数十米。每年4月，樱花灿烂，也是校园独特的一景。

“耿丹学院像美国常春藤大学的风格，红砖、绿化，就是没高楼。”甘德安介绍。

这里曾是一家知名的工厂，名为国营北京维尼纶厂。该厂创建于1965年，周恩来亲自拍板建设，设备引自日本。到了90年代，工厂已举步维艰，最终破产倒闭。

一位叫王晓文的女士买下了这座破败的工厂，经过一番整修，成为耿丹学院的校园。一座座厂房成为教室或者办公楼。2005年，由王晓文担任董事长的北京耿丹教育发展中心和北京工业大学联合创建耿丹学院。耿丹是王晓文的外祖父，这是一位鲜为人知的人物。耿丹生于1892年，湖北人，毕业于英国伦敦大学，获经济学博士学位，回国后先后任教于北京大学、武汉大学，加入中国共产党，参加北伐，任国民革命军第15军副军长，1927年因国共分裂被国民党杀害。在取外祖父之名为校名后，王晓文又将耿丹学院的校魂定为“耿耿丹心，为国为民”。

独立学院具有典型的“中国特色”。1999年，浙江大学、杭州市政府和浙江省电信实业集团共同发起创办浙江大学城市学院，以此为标志，独立学院开始出现。2002年，《中华人民共和国民办教育促进法》出台，导致独立学院猛增300多所。相对于民办大学只能从专科起步，独立学院则“一无所有，一步登天”，从出生开始就被列为本科层次教育。

中国校友会网自2006年开始按年度发布“中国独立学院排行榜”，2008年，创办仅3年的耿丹学院进入榜单，名列第74位，到了2013年，它位列第61位。不过，因北京汇集了众多知名高校，耿丹学院始终处于默默无闻的状态。

创办人王晓文则更加低调，从不接受媒体的采访。耿丹学院的简介中写道：学院秉承“不以营利为目的”的公益性办学理念，传承耿丹烈士的爱国精神，致力于打造一所担负社会使命的百年民办大学。数百所独立学院，以及民办大学，均声称“不以营利为目的”，不过在专业人士看来，这不过是挂羊头卖狗肉，他们实则都在寻求盈利。长期研究民办教育的甘德安向笔者透露，全国只有两三所独立学院不以营利为目的，耿丹学院即是其中一所。在甘德安看来，作为创办人的王晓文是一位理想主义者。

人以群分，另一位理想主义者已经到来。

梦想点燃

2007年，俞敏洪、新东方创始人之一王强、武汉新东方学校校长李杜三人到南京某大学做讲座，因为早到，他们在学校的体育场坐等。李杜对俞敏洪说："只要你办大学，我就跟着你，帮你一起建。"在那段时间，俞敏洪密集公开表示要建一所非营利的私立大学，这激起了李杜的兴致。李杜是湖北人，硕士毕业，在武汉大学任教，后离开，进入新东方。不过，自2006年新东方在美国上市后，其过于商业化、功利化和追求利润，李杜表示失望。

李杜原以为俞敏洪第二年可以落实办大学的理想，不过"雷声大，雨点小"。

俞敏洪遇到了困难。他希望创办一所小规模的大学，占地500亩左右，不过，几番奔波，土地始终难以获得。他总结出困难所在："如果十年前、二十年前做的话，还有可能。地方领导觉得办大学对地方政府挺有好处，好像知识结构一下子提高了。后来地方政府明白过来了，他们发现，第一，把土地拿出来办大学，得不偿失，带不来税收；第二，大学会带来很多麻烦，大学生会闹事。"

从零起步办起一所大学，俞敏洪发现需要超级强大的毅力和人脉关系。而他不愿意花大量时间用在跟人打交道上，他并不擅长求爷爷告奶奶的事情。

李杜一等就是三年，却仍未等到俞敏洪办大学的下文。李杜是一位理想主义者，在一个纯商业的环境里，他很挣扎，觉得自己快抑郁了。天天要面对着报表、市盈率、毛利率，思考怎么从学生口袋中"榨"利润，他感到人格分裂。他跟俞敏洪说，"哪一天你创办承诺过的那个大学，我再来跟你办。”他辞职了。他来到英国，住在一个小镇，整日读书，既读英文书，也读中文书。他希望接下来的四五年，甚至六七年，都是这样的读书生活。

2013年全国“两会”期间，李杜接到俞敏洪的电话，通知他赶赴北京，商谈比较重要的事情。让李杜未料到的是，俞敏洪创办大学突然有了下文。在这次全国两会期间，作为全国政协委员，俞敏洪公开表示正准备接手一所独立学院，不过并未透露校名。

其实，早在2012年，王晓文已经在跟俞敏洪商谈转让耿丹学院的事情，俞敏洪此前已担任耿丹学院理事会理事。甚至更早前，王晓文就跟俞敏洪提及此事，不过俞敏洪并未真正考虑接手。而当他准备接手时，2012年7月，新东方遭做空机构浑水（Muddy Waters）袭击，给俞敏洪和新东方都带来巨大困扰。接手耿丹学院一事不得不搁置、推迟。

直到2013年10月9日，拥有1000多万粉丝的俞敏洪在微博上公开表示：“从今年起，接手了一所民办大学耿丹学院，希望用我后半生的精力和资源，打造出一所出色的中国私立大学来。”消息一出，万众瞩目。

两个月前，耿丹学院理事会换届暨三届一次理事会会议召开，理事长由王晓文变为俞敏洪。一并选出的理事会成员为9人：北京工业大学校长郭广生、北京工业大学副校长蒋毅坚、北京工业大学纪委书记冯虹、北京工业大学副校长吴斌、王晓文、俞敏洪、许智宏、范伯元和林炎志。

担任理事长的第一次讲话中，俞敏洪讲道，“因为感动于王晓文女士投资办教育的决心和坚持公益办学的境界，因为有共同的理想——希望在中国办一所好的民办大学，所以加入耿丹学院。”

王晓文之所以愿意把一手创建起来的耿丹学院交给俞敏洪，除了彼此共通的理想主义和真诚，俞敏洪认为最重要的原因是，“她在调动金钱之外的其他资源有点吃力”。对于俞敏洪来说，他已无力独自创办一所大学，与其无限期地等待，不如整合现有的力量。“我自己办大学也得投十个亿，我们不如把钱合起来变成一个真正的大学基金会，把这个大学做好。对我来说，也是很合算的。我的钱投进大学不知道能做成什么样，而现在已经有现成的了。”

梦想点燃，俞敏洪的精力开始投放到耿丹学院，他说将把十分之一的时间用在学院一块。“我挺喜欢这工作。看到6000名本科生在里面学习，因为你的影响力，他们会产生变化。”俞敏洪的梦想像一把主火炬，在点燃之后，又在点燃更多的理想主义者。李杜中断了在英国小镇读书的美梦，来到北京的小镇，愉快地投入到这份期待了许久的工作中。他说，俞敏洪给他们提供了实现梦想的平台。甘德安，一位研究经济学的教授，曾担任湖北江汉大学文理学院院长，带着梦想，在年近60岁之时北漂进京，欲施展一位教育家的梦想。

当俞敏洪接手耿丹学院的消息传出时，越来越多的学者，因其理想主义的色彩，主动投奔而来。甘德安表示，“只要是理想主义的，有真才实学的，我们都欢迎。”

办出色的私立大学

甘德安说，俞敏洪接手耿丹学院，让耿丹学院一夜成名。

这是事实。不过，更重要的是，也是王晓文看重的是，俞敏洪作为享誉全国的企业家所拥有的丰富资源。“比如说调动北京大学的教授，每一位我几乎都能调过去。调动全国的企业家进行捐款或者请企业家进校园办讲座，轻而易举。全国各地的中大型机构，包括国企，到学校去招聘，都可以。”俞敏洪说。

俞敏洪和耿丹学子

独立学院和民办大学发展至今，并未出现有影响力的大学，俞敏洪认为主要是因为没钱。“你想一个教授报一个项目，说我要200万，哪个民办大学愿意给？但我这儿，我上来的第一个思路就是，如果教授真有研发的话，首先是符合实际发展的应用性研发，我支持。为什么？我可以找支持单位。比如说一个项目研究跟汽车公司相关，我就让宝马、奔驰来支持一下。我的资源比一般人丰富。”

俞敏洪接手之后，迅速讨论一个“企业家贫困生资助计划”，整个方案已基本制定完成，已在2014年9月的新生中实行。该计划的核心是，每年选拔学优家贫的80名新生，俞敏洪为其找到一一对接的企业家，由企业家捐助学费，并保持每月一次的交流谈话。甘德安认为，“我觉得真的不是钱的问题。如果谁被选中，他绝对是成功者。”

2013年12月，来自英国的世界顶级巡演剧团“英国TNT剧团”，在听闻俞敏洪接手创办大学后，主动到耿丹学院，为师生表演纯英文版的莎士比亚剧作《麦克白》。

李杜博览群书，被俞敏洪视为“带有思想家色彩的人”，他在学校负责一个读书沙龙，每周一次，30位左右的年轻教师参与，时常吸引数十位学生前来听讲。读书沙龙的主旨是读书无禁区。甘德安说，“现在公立大学根本不谈学术自由、人格独立、自由思想、批判意识，只有我们现在还在谈。”

2013年9月开学之后，耿丹学院吸引了更多知名人士的讲座，例如，历史学者、在中央电视台讲两宋风云的袁腾飞，经济学家、天则经济研究所名誉理事长茅于轼，奢侈品专家、上海交通大学奢侈品品牌研究中心主任李杰，民间独立学者、作家野夫。这些到来的学者，多为义务性质。

无论是俞敏洪，还是甘德安、李杜，他们一致认为目前需要把耿丹学院办成高端应用型大学，未来办成带有中国传统书院性质的博雅学院。为了办成高端应用型大学，俞敏洪和甘德安在对专业进行调整，在目前设置的22个本科专业中，去除不被看好的专业，在3到5年内打造出3到5个在全国有影响力的品牌专业。目前看，最具优势的专业是英语。

从2014年开始，李杜担任语言系主任。对于英语专业，一方面，他在邀请新东方最优秀的教师前来义务讲课，并获得积极回应。李杜说，新东方的很多理想主义者都已跃跃欲试。另一方面，他希望在目前的阶段把英语专业办成新东方的师资培训班，为新东方输送师资，“新东方在全国有四五十个教学点，我们每年的毕业生才150人，相当于一滴水进入新东方的汪洋大海，所以出口完全没有问题。”

尽管目前是办应用型大学，尽管是本科第三批次，俞敏洪、甘德安都在强调通识教育。耿丹学院尚无文学、历史学、哲学等人文专业，但针对所有学生都设置了这些课程，“这些有境界的内容，我们绝对不能降低。”甘德安说。

在俞敏洪的设想中，耿丹学院培养的人，应是有精神气质的，对人平等相待，对社会、国家、人类都有担当，内心对自由、民主、平等绝对尊重，不论是学自然科学的，还是学商科、文艺的，都应如此。

“我们现在就学民国的教育，民国的教育就是一种博雅教育，讲价值观，讲师生互动。”甘德安说，“我们不能把学生变成生产流水线上的产品。知识结构一样，语言结构一样，没有个性，没有尊严，就是找份工作，这是很失败的教育。”

清华老校长梅贻琦有一段超越时空的表述：“大学者，非谓有大楼之谓也，有大师之谓也。”意欲打造出色私立大学的耿丹学院，在努力做到这一点。针对现有教师，俞敏洪的要求是，所有教师博士化，只有硕士学位的3年内需要考取博士学位，否则不再聘任。从2013年开始，每年安排10到12位教师出国培训，并提供10万元学习费。更重要的是，俞敏洪希望为学校引入一些具有“大师”潜质的人才。

“比如说，我发现一个特有思想的教授，聊完以后觉得他未来一定能出一部伟大的著作，当然这个可能性也是十分之一，那么我就跟这个教授讲，你就到我学校来，住在我学校里面，我每年给你30万、50万块钱，你什么都不要做，你写出来的著作也是你的，唯一的要求，你是耿丹学院的教授就可以了。”俞敏洪介绍，现在他们已经在找这样的人，做到每年资助8到10位。

具体到某一专业，例如李杜的设想是，长远目标是构建英文专业、中文专业的大师，打造类似哈佛大学费正清研究中心这样量级的汉学中心。

接下来，为提升师资水平，在物质上，耿丹学院的教师待遇，将高于公立大学。

在学校的治理结构上，俞敏洪青睐美国，例如他们的办学机制和教授治校。“教授是学校的灵魂人物。”尽管耿丹学院仍要按照国家的规定，设置党委，并配以党委书记、副书记，但他们并不起领导作用，实现“政校分开”，摆脱了公立大学的“党委书记领导下的校长负责制”，他们施行的“理事会领导下的校长负责制”更富有灵活性。耿丹学院的院长不再是教育主管部门任命，而是由理事长俞敏洪提名，经理事会通过。

俞敏洪将以哪所美国的大学为目标呢？他坦言，没有目标，因为想追美国想都别想，“我后代的后代的后代也不一定能看得到。”

“你绝对不能去想，我要跟北大、清华比，胡言乱语。”俞敏洪说，“我想，在我有生之年，如果能把耿丹学院做成中国私立大学的第一名或者前五名，我觉得就好得不得了。我觉得这应该是能做到的。如果我还能把它带入一本，如果未来还有一本、二本、三本，我觉得我就完成历史使命了。”

俞敏洪给耿丹学院的定位是出色的私立大学。他所理解的出色是指：为社会贡献力量；学科都奠定基础；毕业生可以找到好工作，甚至走上优秀的领导岗位；教授的科研成果、思想著作被广泛地阅读。

开局不错，并不意味着没有困难。高扬企业家精神的俞敏洪并不惧怕：“中国还没有真正意义上的私立大学，你要开辟出一个真正的领域出来，会有很多艰难困苦。恰恰这种艰难困苦吸引了我，我习惯于面对并征服艰难，从而产生成就感。”

“大家觉得耿丹学院应该成为一所好大学。为什么？因为有俞敏洪在。”甘德安说。

生命中最重要的事情

2014年，俞敏洪52岁，女儿18岁，他有些无奈地表示，自己老了。不过，那些听过他课的学生，其心目中的“俞老师”一直未变，外表没变，理想没变。

接手耿丹学院，俞敏洪做的第一件事是，捐出50万元，为学院买书。

他分享道，书买了以后，突然发现校园的读书氛围浓了。“这是蛮开心的事情。”负责买书的李杜，有更直接的体会。在食堂，两位学生对他说：“李老师，谢谢你选的书，太新太全了。”这让李杜一度“美滋滋”。甘德安的发现是，“以前到图书馆读书的学生只有20%，现在有80%。这个数据不一定准确，但学生确实肯读书了。”

俞敏洪把读书看得非同一般，他认为进大学最重要的就是读书。“我说读书是要读天下之书，读各种各样能够开启你的智慧、启发你的理想、燃烧你的激情的书。我能做到今天，并不是因为我的英语水平有多高，也不是因为我在北大的学习成绩特别好，而是因为我在北大的五年本科生活，读了接近800本书。从北大毕业到今天我大概又读了两三千本书。”

采访他的时候，他随手从背包里拿出一本书，是刚刚出版的《从黎明到衰落：西方文化生活五百年，1500年至今》。他每年保持阅读量在60本书左右。曾有一段时间，因为东奔西跑，没有闲暇时间，20多天未能读一本书，致使他觉得自己的恶俗气越来越浓。

李杜和甘德安一致认为俞敏洪是真正的理想主义者。“他不是理想主义者，我们就不会聚集在他身边。”李杜说。理想主义者最大的特点是不与现实妥协。办大学、做慈善，俞敏洪都表现得淋漓尽致。

在福布斯2013中国富豪榜上，俞敏洪以64.7亿元的财富位列第146位。不过在慈善榜上，鲜见他一掷千金。他的学长、中坤投资集团董事长黄怒波把巨额财富捐向了北京大学，而俞敏洪并没有表现得如此豪迈。他给北京大学捐赠了新东方助学金，也成为北京大学教育基金会的理事，不过，他更加理性。“北京大学教育基金会的基金还没超过20亿元，哈佛大学基金会的基金是400亿美元。这其实不是来自两个国家的贫富差距，而是大学管理结构的不一样。假如北大是私立大学的话，我肯定就不再办学校了，我就把我的钱捐给它了。”

现在有了耿丹学院，俞敏洪终于有了捐赠方向。耿丹学院正申请转设为独立的私立大学，接下来俞敏洪就要成立耿丹学院教育基金会，将自己的财富捐到此处，为耿丹学院的持续发展奠定基础。

“把钱都留给孩子，那肯定对孩子是最不利的。把钱捐给某一个机构，让这个机构运用我的钱去做善事，我还真不放心。对我来说，最重要的东西就是，既是做善事，又能可持续发展，因为人总希望自己活着时留点什么东西。这是人的无聊，但也是人的意义。希望死了以后，人家看到这个东西是谁干的，总希望有点这样的东西，虚荣心在作怪。”俞敏洪说。

除了虚荣心作怪，俞敏洪认为办大学还是使命使然。他总结，人活着是活三条命：性命、生命和使命。他坦言，创办新东方时并无任何使命感，不过是为了赚一笔钱，然后去美国留学。伴随着新东方做大，尤其是上市，俞敏洪的使命感慢慢出来了。人到中年，他更知道生命中最重要的事情到底是什么。从目前来看，办大学应是他生命中最重要的事情了。而俞敏洪的回答，这仅仅是其中之一。他觉得他能做的，可能不仅仅是只办一所大学。

“中关村二小”时期
（1993年11月－1997年10月）的新东方学校

俞敏洪有更宏大的目标。

“这个世界的传承，主要还是精神遗产，如果我有生之年有这样的可能性，通过自己的著作或者说语言留下一些精神遗产，300年以后人们还在读的话，我觉得这个就了不起了，这是我想做的。”俞敏洪认为，“其实这个东西不是你想做就能做到的，而是在你的人生精神中不断积累的过程。孔子给学生讲课，他从没想到他的言论会被留下来，因为他是述而不作。他所讲的话只不过被弟子记录下来，导致孔子为整个世界留下了巨大的精神遗产。所以精神遗产的流传并不是你想留就能留的，而是不经意间，你这个人到了那个境界，出了那些文字，不管是别人记录下来的还是你自己写的，经过岁月的沉淀，依然有人不断地从里面吸取营养，那就说明这已经成为精神遗产了。”

原来俞老师要立言。

“我当然希望自己能成为这样，但是实际上离这个太遥远了，十万八千里。”俞敏洪笑言。

“这个世界的传承，主要还是精神遗产。”——俞敏洪

对话俞敏洪：教育想要变好，应把一半公立学校交给民间做

（采访时间：2014年2月20日）

谈使命：寻找有成就感的事

宋厚亮： 创办新东方，实现了上市；现在又办大学，接下来你的人生之路会怎么走？

俞敏洪： 人活着活三条命。第一条叫作性命，第二条叫作生命，第三条叫作使命。性命是什么概念？就是你能够确保活下去，不被饿死，不被冻死，有房子住，有自行车骑，或者有辆小破汽车开。大部分人差不多也就活到了性命这个层次。

到生命这个层次是这样的概念：人活的是自己的尊严。就是说，你的生命中一定要有尊严，这个尊严包括你自己在事业中会有一点成就，你有自己的爱好，你受到周围人的尊敬，你也尊敬周围人，政府的社会的体系也能够让这些人活在生命中。所以我常常说，政府最重要的任务是让人活在生命中，不是活在生存中。

使命，我觉得并不一定每个人都要有，这个世界上总会有一些人承担着各种各样的使命。像习近平、李克强承担了推动国家发展的使命。我发现我不知不觉就跟中国教育某些方面的使命结合在一起了，我喜欢也好，不喜欢也好，现在只能沿着这条路往前走。因为在我的生命中间，我很难想象我的使命是天天游山玩水，尽管我也会游山玩水。

最初我在北大教书也好，或者在农村还没上大学也好，基本上是苟全性命于乱世。但是后来北大的教育给了我生命的尊严感。我从上北大开始，即使没钱我也有生命尊严感，知道怎样去维护自己的尊严，知道怎样去维护别人的尊严，知道怎样做到人与人之间的互相尊重。

宋厚亮：什么时候开始有使命感？很多人把自己创业视为一种使命感。

俞敏洪：做新东方的时候，很难说有任何使命感，但也不是处于性命状态或是生命状态。因为做新东方当时的目的，我就想赚一笔钱以后到美国去读书，所以既不是因为性命之忧，没饭吃了要做新东方，也不是说我要捍卫生命的尊严，因为出国读书跟捍卫生命尊严没有必然联系。但是做着做着做成了美国的上市公司，使命感自然慢慢就被勾引出来了。为什么？一旦人酒足饭饱，哲学思想就会冒出头脑。即使是一个酒鬼，他都会这样问，我活着为什么？想不通的人反正想不清楚，第二天继续喝酒、吃饭；想得通的人除了喝酒吃饭之外，就会去做一些有些意义的事情。我就属于，每天喝酒吃饭，但是能够在空余时间想着去做一些有点意义事情的类型。

宋厚亮：哲学意识是指什么？

俞敏洪：哲学意识是没有文化的人都会有的。思考宇宙的存在以及思考个人存在的目的性，这就是哲学。

宋厚亮：你思考的答案是什么？

俞敏洪：这个答案就是，人生在这个世界上，如果你想让自己的生命变得有意义的话，你就必须去寻找自己有目的性的，并且让自己有成就感的事。因为你空虚地活着，游山玩水地活着，最后心灵的空虚比你没有目的性还要难受。

宋厚亮：现在许多企业家拥有了巨额财富之后空虚。你会有困惑吗？

俞敏洪：困惑从青少年就应该有，十七八岁的孩子就应该思考自己的人生了，中年应该有答案了。如果中年再没有答案，就真的是很迷茫的状态了。

宋厚亮：你的答案是什么？

俞敏洪：基本上知道在生命中最重要的事情到底是什么了。

宋厚亮：办大学应该是最重要的事情？

俞敏洪：应该是之一。我觉得我能做的可能不仅仅是只办一所大学。

宋厚亮：你刚才提到使命感，办大学除了使命感，还有什么力量推动着你？

俞敏洪：我是这么想的，把钱都留给孩子，那肯定对孩子是最不利的。把钱捐给某一个机构，让这个机构用我的钱去做善事，我还真不放心。对我来说，最重要的东西就是，既是做善事，又能可持续发展，因为人总希望自己活着时还留点什么东西。这是人的无聊，但是也是人的意义。希望死了以后，人家看到这个东西是谁干的，总希望有点这样的东西，虚荣心在作怪。

谈活法：以立言为世界留下精神遗产

宋厚亮：现在企业家都开始讨论传承，你希望传给家庭子女的和世界的，分别是什么？

俞敏洪：我传承给家庭的应该是家风，孩子最好能传承我奋斗的精神，以及对世界的理解和博爱、尊重，当然也希望传承我身上的能力和做事情的判断力。对这个世界的传承，我觉得主要还是精神遗产，如果说我有生之年有这样的可能性，通过自己的著作或者语言留下一些精神遗产，300年以后人们还在读的话，我觉得这个就了不起了，这是我想做的。

宋厚亮：立言？

俞敏洪：对。其次才是大学。因为大学是做实体。

其实这个东西不是你自己能做到的，而是你在你的人生精神中间不断积累的过程。很简单，孔子在给学生讲课的时候，他从没想到他的言论会被留下来，因为他是述而不作的。他讲的话只不过被弟子记录下来，而且是零零碎碎地被记录下来，现在正是因为这样的记录行为本身，导致孔子为整个世界留下了巨大的精神遗产。

所以精神遗产的流传并不是你想留就能留的，而是不经意间，你这个人到了那个境界，出了那些文字，不管是别人记录下来的还是你自己写的，经过岁月的沉淀，依然有人不断地从里面吸取营养，那就说明这已经成为精神遗产了。所以能留下精神遗产的人物并不是很多。

我当然希望自己能成为这样子的人，但是实际上离这个太遥远了，十万八千里。

宋厚亮：期待立言，更像一位儒者。你有宗教信仰吗？

俞敏洪：我没有。我对所有的宗教都是抱着一种向善的态度去看的。我自己不选择任何宗教倾向。我认为任何宗教都带有一定的观点上的偏狭性，因为它在执着于自己对世界的理解。

假如现在有一个状态，你一定要选择一个宗教信仰，你不选的话就把你毙了，如果有这样的场景出现的话，那么我可能会选择佛教，但是我会采取入世的佛教的态度，而不是说出世的佛教态度。

谈文明：中国缺思想市场

宋厚亮：一些学者和企业家均认为，西方国家出现了现代性困境，包括前几年的金融危机，而中国文化可以帮助他们。你怎么看？

俞敏洪：我觉得金融危机不是西方文明的一个缺陷，它是可以修正的，实际西方金融危机过后，修正得相当不错。中国改革开放只有30年左右，我们没有碰上金融危机。这不能证明我们的文化体系、社会结构或者政治体系比西方优越，我觉得这是非常狭隘的看法。毕竟人家西方从工业革命到现在已经接近200多年的历史。

中西文化的比较，应该从人民生活本身的状态和精神文化的丰富性来比较。从这个意义上来说，西方一方面是追求物质极大的丰富，同时也追求科技对人类极大的渗透；从文化方面来说，西方社会每一个时代都有自己非常伟大的人物出现，包括文学家、艺术家。

我对世界文化研究的结论是这样的，任何文化的繁荣一定是如下几个过程：第一是这个民族开始做生意，拼命做生意拼命赚钱；其次，物质丰富以后，就会对文化进行投入。做生意后还有一个中间阶段，会形成多民族文化融合。为什么？做生意繁荣以后，会吸引全世界各地的文化。古希腊的繁荣，古罗马的繁荣，美国的繁荣，都是这样的过程。文化交融带来人的创新思维的出现，带来各种思维的人的聚集，最后如果再有一个开放的环境，文化艺术的繁荣就必然会出现。

宋厚亮：中国似乎开始步入第二步。

俞敏洪：中国现在已经走到了第二步。前30年就是做生意，现在做生意还没完，里面坑蒙拐骗什么都有。第二步的文化融合，你会看到现在中国文化和西方文化的融合。这种融合，只有在中国能做到，在西方国家做不到，因为西方国家已经固化了，他们对中国文化是不接受的，他们把中国文化当作一个异样文化来看待，我们对西方文化当成一个接受文化来看待。现在在文化交融的过程中，还缺少一个环节，就是中国未来思想市场的自由。思想自由不等于思想的自由化，两个不同的概念。如果中国的思想市场自由了，就会带来人们思维的活跃，创新力加强，后面再看就是文化的传承。

宋厚亮：如你这般创办私立大学也就水到渠成。

俞敏洪：必然的。如果中国的体制改革到位的话，中国的私立大学一定比公立大学好。

宋厚亮：现在缺思想市场。

俞敏洪：对，要容许思想市场生根发芽。实际上现在已经有端倪了，莫言获诺贝尔奖，算是一个标志，尽管不算是一个典型标志，但表明中国的思想市场、文艺市场未来会出现。中国未来100年获得诺贝尔奖的人数，跟各个国家相比都不会差。

宋厚亮：看得出来，你很乐观。

俞敏洪：科学、艺术、经济，都会有。

宋厚亮：但是前提是制度变革到位。

俞敏洪：会变的，不能不变。中国只会走向两个极端，第一个极端就是现在不断地改善、改革、改良，我觉得政府有这个决心，不仅仅是反腐的决心，也不仅仅是改革的决心，市场决定性作用的决心，更重要的是，能够把制度改革变成真正的首要任务，逐步排除利益集团和僵化的权贵资本对中国的影响。未来中国会出现我们刚才描述的后续繁荣状态，还要

100年。但是如果这种变革成不了的话，中国就会出现历史上不可摆脱的混乱状态，到最后军阀混战什么的都可能会出现，那中国人民又是200年的苦难。因为中国一般混战都是接近200年。

宋厚亮： 历史规律。

俞敏洪： 对，这个民族不会灭亡，但是老是在这种苦难中间循环就挺闹心了。但是我们作为草民，什么也做不了。

谈大学：教授是学校的灵魂

宋厚亮： 中国的许多民办大学都具有营利性质，你怎么看？

俞敏洪： 培训教育是营利性质，是公司化运作，都是上市公司了。大学永远不可能做成上市大学。在过去的10年间，中国有些民办大学号称被外国机构投资收购，也想把它打包上市，但是没有一家成功的。原因很简单，因为大学的性质决定了它必须是非营利才能做好，任何想从中间赚钱的行为和营利的行为都做不好。现在大量的民办大学实际上是盈利的，盈利就挤压了对学生的投入，最后个人从里面捞取资本。

它不是不能营利，但是大学的本质决定了它不应该营利。

宋厚亮： 世界各国的大学各有其模式，你理想中的大学治理结构来自哪个国家？

俞敏洪： 我觉得最理想的还是美国的大学治理结构，当然我们要适应中国的国情做一些改变。美国的治理结构符合办大学的特点、学术研究的特点、人才培养的特点，也包括资金可持续发展的特点，同时它还涉及大学中间人与人的争论问题。美国大学尤其私立大学的办学机制主要是教授治校，我觉得这是一个很合理的做法，教授是学校的灵魂人物。你不征求他们的治校意见，自己想当然地、很鲁莽地去治校，既不尊重教授的人格，也不尊重他们的知识，就不可持续。

但是中国的很多学校就这么治了。治的结果你看到了，中国没有真正的世界名校，尽管北大、清华在名声上可以列入世界名校之列。我是北大教育基金会的成员，北大教育基金会的基金现在还没超过20亿元，哈佛大学教育基金会的基金是400亿美元，这其实不是来自两个国家的贫富差距，而是大学管理结构的不一样。我再举一个简单的例子，假如北大是私立大学的话，我肯定就不再办大学了，我就把我的钱捐给它了，要求这笔钱怎么用，它就能长久地保留我的贡献。但是对于公立系统，我就缺乏这方面的信任。

谈教改：教育想要变好，应把一半公立学校交给民间做

宋厚亮：著名学者、北京大学教授钱理群先生，曾提出一个著名的论断，他说包括北京大学在内的大学都是在培养精致的利己主义者。你怎么看中国大学教育的这种倾向?

俞敏洪：他所说的精致的利己主义者是对北大的一种批判，并不是对北大的赞扬。我们在北大上学的时候，他教过我们，他属于新生代，但是又是跨了老一代的人物。现在的孩子进入大学以后，学专业主要是为了找份好工作，对人文情怀和思想市场完全不感兴趣。我觉得这是一个时代特征，北大也不可避免地会染上这个时代特征。但是北大未来要想成为真正的世界顶级学校的话，依然要回到思想阵地上来，绝对不能培养出精致的利己主义者。应该说，豁达的利他主义者才是一个大学真正培养的目标。

宋厚亮：对于现行的教育内容和模式的不满，越来越多的学生用脚做

出了选择，他们纷纷到美国、中国香港等国家和地区上学。在现有体制保持不变的情况下，教育如何会变得更好，你的思考是什么？

俞敏洪：现有体制下中国教育变得好也是一个循序渐进的过程。我觉得首先把一半的公立学校交给民间力量来做，可能是对教育的一个最好的促进。

宋厚亮：带来竞争？

俞敏洪：对。因为在民国时期是有私立大学的，而且很多私立大学做得很好。私立大学和公立大学是教育健康发展的两只脚，现在你把那只脚砍掉了，只能蹦着走，其实中国高等教育一直是蹦着走的，结果就是永远护稳，永远缺少竞争性。所以我希望那只脚再长出来，我所做的就是为另外一只脚长出来做一点努力。

真要想一下子改变这个格局的话，国家应该痛下决心，比如说每年拿出10个大学让给企业家做。有的企业家都是亿万富翁了，你可以让大学更名。比如说某个大学，就更名为马化腾大学，马化腾说不定就接过来了，这样的话，马化腾的投入就不是一点两点了。

国家没有这个气度，觉得把大学交给个人办，失去了思想阵地，这其实是个误解。

宋厚亮：朱清时先生主持的南方科技大学一直广受关注，被认为是教育改革的试验田。在你看来，它对中国教育改革的意义是什么？

俞敏洪：南方科大的探索一开始路子就没走对，朱清时一开始就跟深圳市政府结合，这怎么可能走对？他一上来，结果就错了。深圳市政府给他弄一个校园，最后谁说了算？那肯定是投钱者说了算。这不是朱清时的错误，深圳市政府给他投钱，办这个学校，所谓让他完整地运作，本身就是一个美丽的谎言。

02

王石

王石，1951年出生，安徽人，万科企业股份有限公司创始人、董事会主席，曾担任阿拉善SEE生态协会会长、壹基金公益基金会执行理事长。

世界主义者王石

登山中的王石

受王石召集，中城联盟、阿拉善SEE生态协会、欧美同学会2005委员会三个机构的秘书长在北京会面，讨论王石提出的一个动议。

王石穿着黑色的修身西服，里面是蓝色衬衣，没有系领带，看上去只有50岁左右，身材极好，没有发福，更没有这个年龄普遍的“将军肚”。他的皮肤不再像登山时那么黝黑，眼神里少了几分倔强，多了几分柔和。他的谈吐温文尔雅，除非他急了，这时才能感受到那个性格峥嵘的王石。

王石是以亚布力中国企业家论坛轮值主席的身份召集这个会面的。应邀前来的这几家机构的企业会员，在中国都有相当的影响力，不少企业已开始了国际化进程。当然，王石也是这三家机构的理事。

王石向几位秘书长介绍了一个崭新的计划：动员那些已经走出国门的中国企业，联合成立一家致力于全球环保的公益基金会。他需要这些机构会员的支持。

“做环保，不得不从民族主义者转变为国际主义者。”参加完这个会面后，赶到朝阳公园附近的北京万科中心接受我的专访时，王石说，“现在已经全球化。你赚钱的资源是非洲的、拉美的，你的产品是销往欧洲、全球的。你做公益、做环保也应是全球的。”

王石的这个公益计划，可谓雄心勃勃，这是中国人没有做过的事情。即便是在高度国际化的香港，包括邵逸夫、李嘉诚等在内的大企业家，其庞大的公益事业仍旧局限在中国和中国人身上，始终未曾以国际化视野走出去。而中国内地的企业家就更没有具备如此视野和格局的了。

王石喜欢挑战自我、超越自我，这一股子劲头和精神愈老弥坚。在带领万科成长为世界最大住宅企业之后，他又开启了万科的国际化进程，打造跨国公司；在登珠峰、玩漂流之后，他又到美国哈佛大学访学，边“啃”英语边攻历史；在参与发起创办阿拉善SEE生态协会和万科公益基金会之后，他又参与发起创办深圳壹基金公益基金会、深圳红树林湿地保护基金会；在担任国内数家基金会的理事长之后，他又开始担任世界自然基金会（WWF）美国分会的董事；在为国内环保出钱出力之后，他又开始为全球的环保贡献心力。

无论是发展个人兴趣，还是参与公共事务，王石都在以超前的国际化视野，引领中国企业家迈入新的阶段。

被动的公益启蒙

王石相信历史的偶然性，而非遵循单一规律的必然性。他年轻时的梦想中有成为医生、侦探、战地记者，唯独没想过当企业家。时代和偶然，却让他成为企业家中的翘楚。他深度介入公益事业亦是如此。

2004年，王石接到北京首创集团总经理刘晓光的邀请，参与创办阿拉善SEE生态协会，每年捐赠10万元，连续捐赠10年。此时，沙尘暴已经肆虐到了北京，甚至韩国。刘晓光希望动员100位企业家参与进来，每年筹集千万资金，在内蒙古阿拉善地区治理持续恶化的沙漠化。这是一个宏大的构想。接到邀请后，远在深圳的王石心想，沙尘暴是你北京的事儿，不是我深圳的事儿。他并没有多少积极性。不过，刘晓光的面子足够大，他曾担任北京市计划委员会副主任，支持过万科的发展。为了表达感激之情，王石接受了刘晓光的邀请，前去捧场。

之前，王石并没有参与多少公益的事情。1999年，他辞去了万科总经理职务，离开经营管理的一线。从此，他开始追逐自己的兴趣爱好，首先是登山。就在登山过程中，他做了两项公益，一是和中国登山协会合作，资助登山的推广工作，二是资助西藏盲童学校。王石称之为朴素的慈善。

阿拉善SEE生态协会成立之后，刘晓光担任会长，王石担任副会长。这个创始之初便有数十位企业家加盟的公益组织，开创了很多“第一”。此后，有的企业家进来，有的退出；有的热情高涨，有的极少参与。尽管是被动参与，但阿拉善SEE生态协会的魅力让王石参与的兴致提高了上来。众多的企业家聚在一起，谁都不服谁，即便是面子很大的刘晓光，很多人也不买他的账。很快，他们确立了民主选举的竞争机制，以及理事会、监事会和章程委员会三权分立的制衡机制。

“我个人认为，这种民主自治建设的过程，意义超过具体项目。”王石说。两年之后，刘晓光卸任会长，王石积极地参加了执行理事的竞选，最终得到75票，名列第一，进而获任第二届会长。任会长期间，以及卸任之后，他利用自己的商界影响力，发展了大量会员，尤其是深圳地区的企业家。现在，在阿拉善SEE生态协会的200多位会员中，华南地区的人数最多。

在偶然加入阿拉善SEE生态协会之后，公益吸引了王石。

2010年年初，王石应李连杰之邀，在北京见面商谈壹基金转型发展的问题。由李连杰发起成立的壹基金，是一家专项基金，最初挂靠在中国红十字总会下面，在运作和管理上都面临不少体制障碍。李连杰希望将其转变为独立的公募基金会。同时，他希望寻求大企业家的加入，借助他们的管理能力和经验，推动壹基金专业化发展。

“大家都知道李连杰是国际武打影星，却不知道他曾经是一个企业家、创业家。”王石对我透露。1980年代中期，李连杰因电影《少林寺》红遍全国，而建立特区不久的深圳市正在谋求发展文化事业。李连杰受到时任深圳市委书记梁厢的邀请，在深圳成立公司。“他做了很多事，但是都不大成功。”王石笑着说。稍早前，王石开始闯荡深圳，创办了万科。作为创业者的共同经历，让两人在20多年后的见面，相谈甚欢。

王石先是出任壹基金“公募基金”筹备组组长，一年后，壹基金公益基金会正式成立，王石又出任执行理事长，领导这家艰难破土而出的民间公募基金会。为了壹基金的发展，王石把阿拉善SEE生态协会秘书长杨鹏聘请过来，出任首任秘书长。杨鹏曾是王石担任阿拉善SEE生态协会会长时的搭档，两人合作无间。

此后，王石又参与发起深圳红树林湿地保护基金会，并出任联席理事长。深圳红树林湿地保护基金会是第一家民间环保公募基金会，由深圳的多位企业家共同发起创办。

阿拉善SEE生态协会、壹基金公益基金会、深圳红树林湿地保护基金会，都是具有开创性意义的公益机构，它们已经或将要在中国的公益行业中扮演引领者的角色。而王石，就是这些引领者中的引领者。同时，近些年的各类公益论坛、公益活动中，都有王石的身影；见诸媒体的公益讨论和观点，也有王石的论述。在近十年的时间内，王石的公益人身份日渐清晰。作为具有全国影响力的商界领袖，他又被看作公益界的先行者、企业家中的公益领袖。

但在与我三个多小时的交流过程中，王石多次强调，自己做公益是“被动”的，坚决否认“公益领袖”“公益先锋”这些外界对他的称谓。

“社会把我评价为‘你是公益先锋，你走在前面’，但我不是，我是被动的。”他说，只有个人行为，例如登山、飞滑翔伞、探险，完全是主动的；而为社会组织动员力量，则一直是被动的。

“什么叫主动？我振臂一呼，说咱们成立红树林湿地保护基金会，这叫主动。什么叫被动？红树林保护需要成立一个组织，谁来牵头比较合适？可能王石牵头比较合适，你来当头，这就是被动。”在王石看来，“被动”并非贬义词，谁发起的并不重要，重要的是在做事情的过程中扮演怎样的角色。在参与的公益机构中，王石始终扮演着资源整合的角色。这样的角色，很少人可以做到。因为在王石看来，扮演好这一角色，需要具备四个条件：一是有社会影响力和号召力，二是愿意做，三是有时间，四是有妥协的精神。

对于第四点，王石尤其看重。“在我当选阿拉善SEE生态协会第二届会长的时候，我说在深圳创业之后，我的字典里是没有‘妥协’二字的，但是到了阿拉善协会，我学会了妥协。”王石属虎，更因个性强悍、脾气大，在深圳创业时被称为“王老虎”。进入公益机构后，他收敛并隐匿了老虎的威风，不再把自己的意志强加给别人，而是倾听别人的观点，融合不同观点，达成妥协的、可以被大家接受的观点。

在被动地成为公益机构的领袖之后，王石做事时却不被动。“其实，我所见到的王石一直都是积极主动做公益。”万科执行副总裁毛大庆告诉我，“在我看来，他是一个非常有情怀和理想的人，推动社会进步一直是他最大的追求。我有时会和他发牢骚，并谈很多‘负能量’的想法，他并不反对我的思考，但他更多地会告诉我，既然看到这些，不如先从自己做起。”

在完成了公益的启蒙之后，王石需要学习更专业的公益知识。

向西方学习

在阿拉善SEE生态协会，王石学会了妥协，这并不意味着他的工作阻力减小，毕竟这里拥有近百名企业家。很多时候，为了一件事情，他们吵得乱哄哄的，而结果并没有随之争吵出来。他们需要一套新的机制改变如此现状。

巧合的是，2007年，一个叫袁天鹏的人开始“推销”他翻译的一本新书——《罗伯特议事规则》。这本书出版于1876年，由美国一位叫亨利·马丁·罗伯特的将军撰写，是罗伯特在研究了英国议会、美国国会以及民间社团的议事规则后，总结写就。当袁天鹏和阿拉善SEE生态协会有了交集，双方一拍即合。袁天鹏为其制定了43条规则，其中一条规则写道：会议授权主持人分配发言权、提请表决、维持秩序并执行程序，但主持人在主持期间不得参与内容的讨论。作为会长，王石是历次大会的主持人，他看到后问为什么“要有权力制衡，裁判员不能做运动员”。袁天鹏作了解释，王石随即接受。

由袁天鹏制定的43条规则，最后写进了阿拉善SEE生态协会章程中。

这成为中国第一家有规模的NGO学习使用美国的成熟议事规则。

王石和其他企业家，为阿拉善SEE生态协会带来了现代的民主治理和议事规则，除此之外，他们又能带来什么？他们个个都是会赚钱的主儿，但是否意味着会“花钱”？在担任会长之后，王石显然感受到了这些问题的制约。

此时的国内，较为知名的环保机构只有寥寥数家，例如，梁从诫创办的自然之友，廖晓义创办的北京地球村环境教育中心。这几家环保NGO募集的资金十分有限，其作用更多的是普及环保知识。显然，他们与拥有近百位企业家会员的阿拉善SEE生态协会无法相比，也无法提供足够的借鉴。

“王石认为，做事得有榜样。要做好公益，就得先向公益的榜样学习。”时任阿拉善SEE生态协会秘书长的杨鹏告诉我。随后王石、冯仑提出赴美考察学习公益榜样。

2008年6月9日至19日，作为会长，王石成立了一个美国考察团，由阿拉善SEE生态协会的理事、会员等组成，一共20人，前往美国考察学习公益的运作和发展。这是中国企业家群体第一次专门去美国学习如何做公益。王石说，14年前他第一次去美国，是学习怎么赚钱，这一次他们去美国，是学习怎么花钱。“我们非常明确，去美国是学习如何做好公益。”

在美国，他们考察了洛克菲勒兄弟基金会、洛克菲勒家族基金会、福特基金会、大自然保护协会、瑞尔保护协会、保护国际等15家公益机构。在这些机构，他们有针对性地学习了公益组织如何制定战略、如何与政府合作、如何完善治理结构、如何保值增值、如何募集资金。时任美国财政部部长亨利·保尔森（Henry Paulson）抽出了一上午的时间，在财政部接见了这一组“美国的学生”，他说这是自己第一次接见考察公益组织的中国企业家团体。保尔森在担任财长之前，是大自然保护协会的董事长，有着丰富的公益组织管理经验。

这次为公益而做的考察学习，让参与者都有很大收获，甚至是“公益震撼”。回忆起这次考察，王石说，“那印象是非常深刻的。我们还有相当长的路要走。”

2013年4月，亚布力论坛美中企业家圆桌会议在纽约召开。王石参会后再次感慨，“中国民营企业家专程到美国学习什么呢？过去学习如何赚钱的方法、技巧，现在更着重的是美国的企业家精神，这种精神不仅是不断开拓创新的意念，更重要的是对社会责任的担当。”

2011年5月，王石和他的万科同事在美国驱车奔赴波士顿、纽约和费城，考察了三家顶尖儿童医院。“之前兴趣点在规模、设备、医务人员配置、财务平衡等硬件指标上，但在纽约这间医院却感受到医院文化的重要，其中一点是病人家庭参与治疗过程，（医生）视儿童患者的亲属为合作伙伴，患者的父母可以每天24小时陪伴孩子。”考察结束之后，王石在微博上写道。

此后，王石公开表示，万科要筹建民办非营利性质的万科儿童医院，先后在上海、广州和深圳成立3所。医院的原则是，既给穷人看病，也给富人看病，把给富人看病赚来的钱支持穷人看病。万科企业公民办公室主任沈彬说，万科儿童医院仍在筹备中，“要看政府最终批复。”

现在，王石有了一个可以持续学习国际公益组织的机会。2012年10月，王石当选WWF美国分会董事会的董事。

1961年，在瑞士，朱利安·赫胥黎（Sir Julian Sorell Huxley）等几位生物学家共同创办了WWF。他们的目的很明确，致力于全球环保。WWF北京代表处项目实施副总监王利民告诉我，WWF在50多个国家有自己的分会董事会，成立国家、地区办公室的都有自己的董事会，如美国、英国、荷兰、日本等。WWF在全球还有50多个项目办公室，如中国、波兰等。中国由于政策的限制，目前还不能注册成国家办公室，也没有自己的董事会。

WWF美国分会董事会助理秘书长Julie Miller在接受我的书面采访时介绍，目前WWF美国分会有26名董事会成员，董事第一期任期三年。原则上董事可以连任两期。董事会成员是来自自然科学、环境保护及商业领域的领袖，一直以来都致力于环境保护事业。

“王石是一个全球性的商界领袖和充满激情的户外运动者，他深刻地理解健康的环境与健康的商业之间不可分割的关系。他对可持续发展的深刻理解及致力于绿色建筑的实践经验，对全球商业的转型都将产生重大的影响。”Julie Miller说。

王石则明确地表示：“这对我来讲是学习的好机会。”

之前，王石曾应邀参观WWF美国分会办公室的天顶花园。对于普通的天顶花园，他却看出了其独特之处：一是种植的花草数目多，多达14种；二是养殖蜜蜂采蜜，制作蜂蜜。参观当晚，王石即打电话给万科总部，吩咐照此学习。

“王石是优秀的企业领导人，也是诚心诚意的公益行动者。”杨鹏说。

国际化

在学习、参与美国和欧洲的公益组织之后，王石发现，“欧洲、美国的基金会，无论大小，自然而然就有全球视野。中国目前还是比较局限的。”他尝试改变这一窘况。

“万科在公益领域的国际化，比万科公司作为商业行为的国际化要开始得更早，从我个人的角度看，2009年是万科公益国际化的开始。”沈彬说。

沈彬介绍，从2009年开始，万科公益基金会开始陆续资助一些国际性的、关于环境议题的项目，从哥本哈根、坎昆到里约，万科支持中国的环境保护非营利机构和非政府机构在国际舞台上发出声音。2009年，王石刚刚卸任阿拉善SEE生态协会会长，他开始借助万科公益基金会尝试国际化之路。

万科公益基金会成立于2008年，由万科捐资1亿元注册成立，沈彬任基金会执行秘书长，是万科开展公益活动的主要渠道。最近几年，万科公益基金会的公益捐赠基本在1500万元到1800万元之间。

2010年上海世博会，万科在世博园建设了一个万科馆。在这个国际化的大平台上，王石和万科再一次表现出进入全球做公益的意愿和努力。万科公益基金会携手阿尔伯特王子基金会、WWF开展东北虎保护项目。借助该经验，去年他们一起启动了“雪豹保护计划”。

世博会期间，泰国诗琳通公主造访了万科馆，并与王石会面。诗琳通公主是泰国的王储，亲近中国。她在泰国成立了泰国诗琳通公主基金会，增进泰国的教育、医疗、科研和地区发展。王石和诗琳通公主会面后，双方的基金会开始讨论合作事宜，救助泰国疾患儿童。沈彬透露，这个项目的资金来自王石的捐赠。

登山之后的王石，兼职做起了代言人，为摩托罗拉手机、中国移动“全球通”、Jeep的新大切诺基、克莱斯勒等代言。据说，他这几年的代言费高达7位数。不过，他所有的代言费都捐给了万科公益基金会。

“我们目前正与泰国公主基金会接洽具体事宜，我们希望合作不仅是资金的捐赠，更是将中国的有效救助、治疗经验共享到泰国。”沈彬说。

在万科公益基金会尝试着国际化之后，万科开启了恢弘的国际化征程。2012年2月，万科与美国房产巨头铁狮门签署协议，双方共同在旧金山投资开发；2013年4月，万科与新加坡吉宝置业公司签署协议，共同在新加坡和中国开发房地产项目。这只不过是王石坚持的国际化征程中的牛刀初试。

与此同时，王石担任执行理事长的壹基金也开始尝试国际化。

2012年11月11日，缅甸第二大城市曼德勒（Mandalay）发生7级地震。4天后，壹基金救援联盟的5名成员从昆明飞赴曼德勒，开始参与地震救援工作。这些成员均参加过汶川大地震和玉树地震的救援，经验丰富。“这是第一支有组织的中国民间救援队伍。”王石说。

“未来几年，壹基金将加快国际化救援步子。李连杰、王石都是世界主义者，他们希望壹基金今后成为世界级的基金会，在服务好中国的前提下，考虑服务其他国家和地区的灾民。”杨鹏说，“壹基金将会成为中国最大的国际化基金会。”杨鹏坦陈，壹基金要打好国内基础，再强化国际化。

在沈彬谈到万科公益基金会的国际化，杨鹏谈到壹基金的国际化时，他们一致认为这是源自王石的国际视野和国际观。而任职WWF美国分会董事，再次提升了他的国际视野。

2012年年底，WWF美国分会、大自然保护协会（TNC）和麦克阿瑟基金会召开会议，筹备联合发起成立一家环保基金，引导中国走出去的企业捐款在全球范围做环保。他们希望筹集6000万美元善款。作为WWF美国分会的董事，王石参加了这次会议。会议中，他们期待万科参加进来，哪怕是象征性地捐50万美元或100万美元。

“我的反应是，第一，中国的改革开放是靠引进外资，在这期间有外国NGO到中国做环保慈善事业。30年过去了，中国的企业挣到了钱，不需要合资，自己走出去了。走出去的企业做环保，我们不应该被带领，我们应该和他们同步。”王石的民族情感被击中，慷慨陈词，“我说你们不了解中国，实际上中国的企业家做环保，第一个是愿意出钱，愿意参与，不是像你们说的中国企业家只懂得赚钱；再一个，中国改革开放35年来，NGO的力量已经很强，相当一批从业者是从海外受到培训回来，在海外做过，在中国发起成立民间的NGO，做得相当出色。”

于是，一次更大的、被动的公益行动开启了。

王石并不反对美方三家机构联合发起成立6000万美元的基金，但他要回国发起两个与此类似的基金，一个是走出去的民营企业的环保基金，一个是走出去的国有企业的环保基金。王石希望这两个基金进行PK。目前他正积极动员官方和民间的力量，促成两个基金的成立。

走出去的民营企业的环保基金，计划筹资1000万美元，设在阿拉善SEE生态协会下面。“现在成立不成立专门的基金不重要，重要的是把专项基金的钱筹到。”王石说。在这个基金中，王石认为他扮演的角色就是促成，而不会花大量时间去主导。

从王石宏大的公益构想和行动中，杨鹏看到，“中国企业家的社会责任承担面开始扩张了。心有多大，力有多大。”而有了王石的发端，接下来，全球性公益基金会也将会多起来，因为中国人的生活全球化了。

国际范儿

创业之后的20多年，王石一直自称为“土鳖企业家”，因为他是工农兵大学生，没有留过学喝过洋墨水。但他一直有留学梦。这个梦想，在他60岁的时候实现了。他像个年轻的学生一样，在哈佛大学的校园里，认真学着英语。此后，在美国的多次演讲中，他开始突破自己，用有些蹩脚的英语演说。

2011年，王石开始了三年时间的访学计划，先是在美国哈佛大学学习一年，接着到英国伦敦政治经济学院学习一年，再到耶路撒冷、伊斯坦布尔各学习半年。不过进入哈佛大学之后，他被货真价实的学问所吸引，修正学习计划，将三年改为五年，由在哈佛大学学习一年改为两年半。在哈佛大学完成了两年半的访学之后，2013年下半年，他将启程赴英国伦敦访学剑桥大学，而不再是伦敦政治经济学院。在哈佛大学的两年半，他学习并研究了资本主义发展史、基督教对资本主义的影响以及日本江户时代的转型。到了剑桥大学，他将研究犹太史。

王石对具有国际观的历史着迷。刚去深圳创业时，他迷上了历史学家汤因比的《历史研究》，在这本书里，他看到了历史发展是一个过程，同时历史有相当的偶然性，而非必然性。此后，吉本的《罗马帝国衰亡史》也让王石受益良多。读这本书，让他看到中国的差距。

“哈佛求学过程，更强化了王石的全球意识。”杨鹏说。

王石喜欢了解全球，也喜欢从全球看中国。例如，他研究日本江户时代，正是为了借鉴日本经验，并从历史和全球的视角看中国改革将何去何从。

“日本是第一个完成工业化和现代化的非西方国家，它是怎么完成的？这也是我为什么要研究江户时代，就是在明治维新之前，他们的社会是什么状况？深入进去会发现，他们已经做好准备了。为什么？你得服气它。不是说殖民、侵略，打了两次战争把中国打败了，占了赔款，我们衰落了，他们爬起来了。不是这样的逻辑。江户时代国民扫盲运动、国民教育已经是全世界最好的了，甚至高过德国、英国、荷兰。我们到1949年的时候，不要说1860年代，差不多过去80年之后，我们的文盲率还在80%左右。而日本江户时代，男子扫盲运动后文盲率50%，女子扫盲运动后文盲率25%，也就是说，日本女子的扫盲远远超过中国男子的扫盲。”聊到历史，王石总是侃侃而谈。

从2014年开始，他将在香港科技大学讲授日本江户时代的历史。2010年，香港科技大学聘任王石为兼职教授，为EMBA班授课，主讲商业伦理。

不过，王石无意当一名纯粹的学者。“当大学教授养不起我，我现在开支也很大，我不是万科的大股东。换句话说，我还要挣钱。”1988年，万科股份制改造，王石放弃了股权。他只要名，不要利。在退出万科一线管理15年之后，他给未来的自我定位，仍旧是企业家。“万科真正的、持续的、高质量的增长，还没有开始。万科真正的成长是2015年才开始的。我干吗急着不当企业家了？”

2010年，万科实现销售额1000亿元，成为中国第一家销售收入突破千亿的房地产公司。而在2008年，万科即成为全球最大住宅企业。2014年，也就是万科创业30周年之际，万科收入突破2000亿元。但王石并不看重这些数据。

作为万科董事长，王石坚持三点：第一住宅产业化，第二精装修，第三国际化。这三点，均是发达国家住宅地产企业的主流做法，例如发达国家没有毛坯房，都是精装修的房子。“我们预计万科到2015年将形成住宅产业化体系，这一体系的推广将促进万科产品质量的进一步提升。”毛大庆说。

而关于国际化，万科一直以国际化眼光和思维做事情，从公司成立初期向索尼学习售后，向帕尔迪学习市场细分，到今天启动国际化战略。只是，今天的王石有着更雄伟的计划。毛大庆说，万科希望第四个十年，在全球标准之下成为优秀的企业。“第四个十年的万科，一定是国际化视野的万科、用全球资源发展的万科。万科的国际化战略目前还处在学习和尝试阶段。”

国际化的定位，将让王石从中国企业领袖转向全球企业领袖。

但是作为深度介入公益事业的企业领袖，王石将如何“青史留名”？如今，提到洛克菲勒，大家首先想到的是他捐建的芝加哥大学、洛克菲勒大学；提到福特，会想到福特基金会；提到陈嘉庚，首先想到的是厦门大学。那么，王石之“名”将归于何处？

王石与万科

“不是有万科吗？有万科不是什么都有了吗？万科本身就是在推动社会。万科明年就是2000亿，真正高增长的开始，它的（这么大的）社会动员能量，能不成立大学吗？现在我们光万科公益基金会建医院就建了三个。他们能做的，我们一定会做。至于是不是以王石命名？不会。会不会以王石父母的名字命名？不会。我想这是一个区别。”王石提高了嗓门，严肃地回应，“你们给点想象力好不好？‘万科真正的高质量增长还没开始’，这句话讲得很恶毒，如果敢说这句话，你说建什么大学，还是问题吗？”

对话王石：这是黎明前的黑暗，大变革时代即将到来

（采访时间：2013年6月8日）

企业家掌握主流话语权，应推动社会改革

宋厚亮：在微博上，你经常发布各类植物和小动物的照片，作为这方面的爱好者，是否可以从这里找到参与环保事业的源头?

王　石：没有直接关系。个人微博这两年有较大改变，因为房地产（行情专区）你不能谈，很敏感。对于花花草草的关注，跟我的个人兴趣有关。我对植物，第一比较感兴趣，第二和业务有关，绿化环境本身是小区规划非常重要的一部分。倒不是跟环保有什么直接关系。但是对个人的修养多少有关系，个人对有生命的植物、小动物都不去关心、关注，也就谈不上对大自然的热爱了。

谈到环保，涉及一个人的行为，首先人是自私的，最关注的是自己，首先应该强调这个。不要一谈个人爱好就都和公益有关，都和企业有关什么的，其实是没有关系的。但实际上，自私对我来讲一定是利他的，就是

利己到最后演变成利他。因为关心花草、关心小动物，这些都不是孤立的存在。最后一定形成一种共识，关心生命。如果你对它不了解、不关心，你来唱高调——关心环保、关心自然，一定是空洞的。你不利己，第一我怀疑你的诚信，第二即使你很真诚，但能持续吗？

宋厚亮：2008年，汶川地震后，因为一句“普通员工限捐10元，不要让慈善成为负担”，你被卷入舆论漩涡。对于自己当时的理性表达，现在怎么看？

王　石：隔着时间去看越看越淡。我遇到那种情况，压力非常大，负面舆论大，心里想不通。但现在再回过头看，那个事反而比较简单。既然做公益，本身被误解，不被接受，这很正常。当然当时不会这么想，只能事后来看。在中国做公益，公共空间本来就不够大，传统的中央政府大包大揽一切，民间的公共空间很窄；现在到了公民社会，更多的公共空间由民间来做。既然是走在前面，言论错对是一回事，本身就会遭到质疑、误解。

至于说到一个人的行为，我的体会是两点。中国改革到现在，政治改革更多由政治家、学者考虑、推动，我们作为社会的一员，作为企业家，现在又掌握着主流话语权，应该在社会改革上面推动。社会改革就是不但把自己的企业做好，还要体现企业公民的责任。

我去金沙江漂流，有一个非常深的体会。金沙江是长江的一个支流，漂流又是在悬崖峭壁之间，我发现一种现象，峭壁上都是一股股涓涓流水，你会感觉到，滔滔长江、金沙江就是涓涓细流汇合而成的。我们每个人就是一股涓涓细流，如何让社会更美好——我们是抱怨呢？是等着中南海来决定、来改变呢？还是首先从我们自己做起？如果每个人都从自己做起，社会自然就改变了。

这么多年，我找到了做这些事情的感觉。能力有大小，你尽自己的能力，你是企业家当然要尽企业家的能力。这就是我自己应该扮演的角色，不要更多地想着这应是别人做的，应该上面去做。这是我的最大体会。

宋厚亮：你在哈佛大学研究资本主义发展史，怎么看19世纪末、20世纪初大企业家纷纷成立慈善基金会做慈善？他们是在为原罪赎罪吗？

王　石：这个原罪说是我们中国的解释逻辑，我在美国并没有体会。他们没有原罪——我的挣钱能力是上帝赋予的，我挣的钱是替上帝保存。不像马克思主义的这套理论，怎么剥削工人的血汗钱啊、原罪啊。马克思分析英国初始资本主义的原罪，那是另外一个问题。新教徒到美国后，新牌的资本主义相较老牌的资本主义是没有原罪的。

既然是为上帝保存财富，那他们迟早要离开这个世界，要到上帝那儿，去之前财富怎么处理？第一，本身有一个如何分配的问题，分配后还有一个问题：后代拿这么多钱有什么好处，这反而是个困惑。第二，遗产税很高，所以成立基金会是让财富通过上帝的意志关心穷人、做公益活动，宗教有这样的一个含义。第三，政府鼓励有钱人做这些事情，在税收方面有优惠政策。第四就是社会的需求，财富进行第三次再分配。

至于在中国，我觉得就很难说。

宋厚亮：现在很多民营企业家也开始捐赠财富做慈善，例如曹德旺。这是否意味着他们的财富积累到一定程度，也会将财富转为社会影响力？

王　石：有待观察。为什么呢？中国改革开放到现在30多年，民营企业家的积累还是很有限的，再加上中国的发展机会很多，会把更多的积累作为原始资金投入扩大再生产。在这个过程中，你让他们把钱都捐出来做公益基金，显然对企业发展不利。最起码在未来20年到30年之间，民营企业家出现像曹德旺这样的慈善家只是个别的现象。

中国的财富积累之后，怎么进行社会再分配，我个人也有点疑惑。因为发展到现在，我觉得有几个问题。民营企业创造的财富到底算谁的？这很含糊。当然你说法律上非常清楚，是个人的。但观念、本质上是很含糊的。就是说个人的财富并没得到很好的尊重，个人财富没有得到尊重，那就不是他的。他考虑的不是捐出去，那就转移。确定是我的，我最后才能决定捐或做什么其他处理。比如2008年，大家对我的那种态度，就是你应该捐啊，你什么意思，你不就赚俩臭钱吗？现在国家有大灾难，你不捐谁捐？这个逻辑很简单，是很可怕的事情。所以企业家赚钱战战兢兢，不会捐出去，而是想办法转移出去。你说为什么现在移民热？这是很重要的原因。

中国很多事情是民情比法律还要大，要不怎么“不杀不足以平民愤”。这很可怕。民愤并不等于对的啊，是不是？要尊重法律，尊重契约精神，要不民愤就不可捉摸了。

宋厚亮：如此说，慈善的大发展在某种程度上受制于民众对财富的态度。

王　石：如果不弄清财富到底是谁的，公益活动就不可能健康发展。在美国，非常非常清楚，财富是神圣不可侵犯的，我的就是我的，至于我怎么得来的，只要不违法，都要尊重。要不最后非法的也是合法的，最后就是掠夺。没有私人财产神圣不可侵犯，他都不能做到很安心的自私。不利己，怎么利他呢？利他也是一种迫不得已。

中国应向美国学习的，除了创新还有责任

宋厚亮：作为企业家，你在参与公益事业，也在不停地思考，这些年

的参与和思考，你觉得企业家参与公益组织的管理，可以给公益组织带来哪些创新？

王　石：最主要的是企业的一套组织原则、动员力量。从某种角度来讲，NGO除了非营利之外，还要求组织的动员效率、透明度、规范化，和企业都是一致的。在这方面，企业家理所应当承担这样的责任。如果企业家不发挥作用，NGO会走得非常缓慢。

企业家做NGO也有局限性，企业家做组织既有资金动员力量，也有媒体动员力量，筹款本身并不是很难。但是应该看到，做公益、做慈善，本身就是公共参与，不仅是出多少钱的问题，出多少钱都不能取代义工扮演的角色。即使企业家有钱，你捐再多的钱，跟把民众动员起来的力量和义工的力量，那是没有办法比的。

我们看李连杰办的壹基金，恰好是企业家的局限性，被李连杰发挥得淋漓尽致。第一，壹基金倡导人人公益、人人参与，本身就是一种小额捐赠的理念，和大企业家、知名企业家相比，走的完全是另外一条路。第二，既然是人人参与，很自然地引起80后、90后年轻人的积极响应。李连杰的壹基金是在阿拉善SEE创办三年之后才成立的，但显然，后者的知名度和公众动员的号召力远远大于前者。当然，李连杰邀请企业家参与壹基金的透明度、规范治理方面，我们发挥了很大的作用。

宋厚亮：阿拉善SEE生态协会在民主治理上建立了一套良好的机制，这应该是企业家的一个主要贡献吧？

王　石：参加阿拉善协会是企业家自身民主自治建设的过程，而且我个人认为，这种建设本身的意义超过具体项目。当然，搞公益基金会要有项目支撑。阿拉善更多的影响是企业家如何约束、自律，如何进行民主自治建设。我们强调民主、公平，如果我们在自身的组织中都不能有一套民主公平的程序，我们又是社会主流的资源控制者，那么如何要求国家、社会进行公平的建设？所以在这方面，妥协的概念非常重要。

宋厚亮：跟民主是相关的。

王　石：对，民主本身就需要妥协。

宋厚亮：你多次强调加入阿拉善SEE生态协会之后，你学会了妥协。妥协的更大意义在哪里？

王　石：在中国的公益活动中，妥协是非常重要的。所谓妥协，简单来讲，就是不要把你的意志强加给别人，不要认为你什么都是对的，要更多地听别人怎么想、每个人怎么想，之后把每个人的想法融合到一起，让大家都能接受。中国人的生活中，这是非常缺乏的，尤其是现在社会转型当中。

宋厚亮：在你看来，中国民营企业家专程去美国学习，不仅学习开拓创新的理念，更重要的是学习对社会责任的担当。在这方面，民营企业家与美国企业家相比，差距主要在哪里？

王　石：我们所指的距离，一是方法论，再一个是观念。

方法论当然有差距，但主要的差距还在观念上。举个例子，我们现在认为要效率就得专制，民主就没有效率。在美国开会，我有语言障碍，一个专题发言需要用准备好的稿子去念。但是自由讨论，有时候跟都跟不上，肯定记不下来，要点都不知道说什么，你怎么谈观点？那不行，既然我邀请你参会，你一定要发言。这点我印象非常深刻。我们在国内发言，同意不同意大家都赞成，要不就两边吵得一塌糊涂。他们不是。你参加会是因为你的身份，因为有你的价值存在，你讲什么不重要，但一定要说话，一定要表达。所以你会发现，在那儿开会两三天，未必有什么结果。因为首先他尊重你，没有什么大佬发言定调，没有。我觉得这种观点最起码是对人的尊重，对每一个人的尊重。现在中国非常欠缺这个。如果没有这个，即使有再好的方法论、再好的工具，也很难判断，方法论是建立在这个观念基础之上的。

我原以为民主的效率很低，后来发现别人已经很成功了。是有效率低的，但人家把每个人的主观能动性都发动起来，每个人都表达自己的观点，这些人就心甘情愿地去执行。而我们是，想得通得执行、想不通也得执行，我们都是带有强制性的。所以咱们学什么？我觉得更多来讲还是观念：每个人都有他的权利。

大变革时代即将到来

宋厚亮：在哈佛大学访学，除了知识上的学习，还受到哪些独特的训练？

王　石：任志强说，王石去哈佛，是受教育不够。别人怎么看不重要，我非常接受他这个说法。我是受教育不够，我的英语都要从口语开始，难死了。我上的很多课都是本科生的课，不是博士、硕士生的课。但我听得津津有味，因为我没有受过这样的系统训练，我受的训练是工农兵，很多教育非常僵化、教条。我这两年在哈佛受到了基本的训练，非常受益。

所以任志强的话出于什么动机不重要，我非常接受那句话。我就是受教育不够。但是，受教育不够的仅仅是我吗？不断挑战自我、超越自我的人不多。不仅仅是受教育不够，西方的方法论和东方的方法论都是智慧，但是不一样。为什么现在关于中国的现代化，人们吵来吵去？他们在没有受西方训练的平台上，说的根本不是一件事。争来争去始终在那儿打转。

所以我为什么非常赞成方舟子，方舟子的诉求不重要，你喜欢不喜欢也不重要，但他跟你争论的方法论，是受过西方非常严格训练的。而国内很多完全就是不讲道理。但讲理对不讲理，总还得讲理，不能是文革式的、大字报式的。

宋厚亮：你在海外访学，主要研究内容是历史学。而你一直喜欢历史学，哪些历史学家的著作让你受益良多？

王　石：历史学对我的影响有几个阶段。

第一是汤因比的《历史研究》，是我刚到深圳时读的，到现在还记得。它告诉我，任何历史的发展都有一个过程，同时历史有相当的偶然性，不是必然性。有了这种认识，如何认识自己的民族、如何认识自己的国家，可以进一步提高自信。

第二是吉本的《罗马帝国衰亡史》。参照罗马，对比中国现在发生的情况，你会惊讶地发现，虽然是2000年前的历史，却与现在有很多相似之处，而制度、民主、方法论上，我们还不如2000年前的罗马，我们现在的制度设计比他们还要落后，就更不要说和现在进行系统比较。认识到差距，反而坦然了，而不是灰心失望。

第三是到哈佛之后。我研究美国、日本，从传统到近现代，如何城市化，如何工业化，感觉中国还是很有希望的。

宋厚亮：希望在哪里？

王　石：中国现在急速地城市化、工业化，这种状况和美国100年前有着惊人的相似。也就是说，我们现在并不比美国当时做得更坏，不用垂头丧气。我们搞市场经济，搞经济增长，就会破坏环境。新英格兰地区急速工业化、城市化过程中，93%的水土流失，当时的环境破坏比我们还厉害。但就是在这样的背景下产生了世界第一个国家公园——黄石公园。我们不是比较他们和我们表现得一样坏，而是要参照借鉴他们的做法。参照借鉴的不是现在，而是100年前，借鉴他们怎么走过来的。

日本是第一个完成工业化和现代化的非西方国家，它是怎么完成的？这就是为什么我研究江户时代的原因。在明治维新之前，他们的社会是什么状况？你深入进去会发现，它已经做好准备了。这你得服气。不是说殖民性、侵略性，打了两次战争把中国打败了，占了赔款，我们衰落了。不是这样的逻辑。江户时代的国民扫盲运动、国民教育已是全世界最好的，甚至高过德国、英国和荷兰。而我们到1949年，不要说1860年代，差不多过去80年之后，我们的文盲率还在80%左右。而日本在江户时代就已结束了，男子扫盲运动后文盲率50%，女子扫盲运动后文盲率25%。也就是说，日本女子的扫盲远远超过中国男子的扫盲。这就是农业文明时代的日本工业化在全世界最高的原因。

而中国到1970年代末改革开放时，城市化率低于1949年，整个倒退了。你会发现，现在这次城市化过程中，中国已经没有退路，不可能再走过去的道路，城市化道路必须走下去。从这个角度看，中国是非常有希望的，不用担心任何回头路，因为没有回头路可走。如果你说明明是在走回头路，那我告诉你，这是黎明前的黑暗，是大变革时代即将到来。

03

王健林

王健林，1954年出生，大连万达集团股份有限公司董事长，发起创办王健林基金会。

王健林：首善“王”

王健林基金会降生的时间近了。

十年前，万达集团董事长王健林发下宏愿，要做中国最大的慈善家，世界级的慈善家。凭借信念、纪律和执行力，他缔造了房地产和文化娱乐两大商业帝国，国内罕有匹敌者。2013年，他成为多个富豪榜的首富，财富达千亿；当然，他还成为年度首善。首富和首善花落一家，唯王健林一人，独领风骚。

万达集团支持大学生就业创业计划启动仪式

“这些东西（排行榜）不是我看重的。”王健林告诉我。2014年4月29日上午9点，在位于北京长安街东边的万达写字楼，王健林准时出现在记者面前。他穿着黑色西装，戴着标有“王健林”的工牌。在一个多小时的采访过程中，他的语速很快，语气平和，远不像传递给外界的那番满是霸气的气场。

事实如此，以一个国家为评比范畴的排行榜，已绝非现在的王健林所看重。他的雄心壮志仍在高歌猛进，他的视野已转向全球，他开始征战全球。他豪气干云，用26亿美元收购美国第二大院线AMC娱乐公司（AMC Entertainment），用3.2亿英镑收购英国最大游艇制造商圣斯克（Sunseeker）……这些都是牛刀初试，接下来的十年，他要把万达打造成世界级的企业。因为如此的大梦想和执行力，他登上了美国《财富》（FORTUNE）杂志的封面。

王健林董事长及万达赴美考察团人员视察AMC影院

在他那里，财富如水。

王健林对顶级奢侈品表现着浓厚的兴趣。很早前，他花费超过3亿元人民币购入湾流（Gulfstream）G550型公务机——世界最顶级的私人飞机；他还出手7800万元人民币购买Sunseeker 108英尺特别版豪华游艇——全世界仅此一艘。如果说这是大多数富豪的共同兴趣，那么，对收藏和慈善的大手笔，显示他对财富的认知境界，与大多数顶级富豪已不可同日而语。

他一掷千金，用2816.5万美元拍下毕加索（Pablo Picasso）的油画《两个小孩》。在大量收藏了吴冠中、傅抱石、李可染、李苦禅等中国著名画家的画作后，王健林的收藏，重点转向了世界著名的画家。收藏毕加索的画作是个开始，印象派画家莫奈（Claude Monet）、梵高（Vincent Willem van Gogh），抽象表现主义画家波洛克（Jackson Pollock），超现实派画家夏加尔（Marc chagall）等都已进入他的视野。

做慈善，他更是出手豪阔。他所做的众多慈善项目，其捐赠，动辄数亿元，乃至十亿元。南京金陵大报恩寺重建，他捐出10亿元；大学生创业计划项目，他捐出5亿元；青少年足球发展项目，他捐出20亿元……

以此气魄，年度首善，仅仅是新的开始。这与他的梦想——做中国最大的慈善家、世界级的慈善家，还有着相当的距离。他的两大商业帝国即将上市，届时，他的财富将更加庞大，甚至惊人。他所承诺的捐出90%的个人财富，又会将王健林基金会推向数千亿元量级，超越李嘉诚基金会，直追比尔及梅琳达·盖茨基金会（Bill & Melinda Gates Foundation）。王健林基金会将是第一个有世界影响力，甚至超一流级别的中国基金会。

很快，他的宏愿将实现，中国企业家的慈善标杆将跃上新高度。

成立个人基金会

“招聘基金会CEO，年薪80～120万元。”

2014年5月，这条招聘信息在微信热传。高额的薪酬，不具名的基金会，引起慈善行业热议，一些身怀抱负的基金会秘书长开始摩拳擦掌。万达集团总裁助理、企业文化部总经理刘明胜向我证实，该基金会正是即将成立的“王健林基金会”。面试仍在进行中，最后需要王健林亲自拍板。

“要找对的人，做对的事。人不好找，找人不是简单的事情，不是找个人就能干的，找到一个自身愿意做这个事情还有水准的比较难。慈善需要一个很专业的团队。”王健林告诉我，之前有人找到他自荐担任基金会秘书长，不过都是退休官员，“我根本就不放心”。

王健林基金会将是一家资金规模巨大的基金会，它的秘书长人选既需要跨国视野，又熟谙国内慈善行业和项目运作。王健林为秘书长一职开出了超出国内慈善行业心理预期的薪酬，他希望用丰厚的薪酬吸引优秀的专注于慈善的人才。不过，这份让慈善行业艳羡的待遇，放在万达高管中并不离谱，它是参照了万达管理人员的薪酬模式确定的。

这是王健林基金会成立之前的正式预热。王健林表示，今年会向民政部申报筹建基金会，并拿到执照。

早在几年前，王健林就向民政部申报基金会，不过时机一直不太成熟，被搁置。之所以到现在为止基金会都没有成立，直接原因是万达商业地产一直未能上市。

王健林的设想是，全力以赴把万达商业地产做上市，股权结构等更加清晰，有助于向基金会进行捐赠。“成立王健林基金会和万达商业地产正式上市这两件事情，还是后者更重要。我不可能说先成立王健林基金会，再说公司发展，那是很愚蠢的。”2014年，王健林的战略布局重点仍在商业：第一，让万达商业地产上市；第二，成立万达金融集团；第三，万达电商正式上线。“这几件事情顺利做完，万达在一个比较顺的道路上，那时我可能会正式找人来操作基金会。”

2010年，万达商业地产就向中国证监会申报IPO，欲在A股上市，不过一直处于“排队”等待中。王健林年初强调，今年的工作重点是推动万达集团旗下的万达商业地产和万达院线两家公司上市。这个目标若得以实现，将直接推动基金会的成立和发展。

国内企业家成立的基金会多为企业基金会，而王健林则旗帜鲜明地成立个人基金会，避免企业和基金会剪不断的关系。他也特别指出，王健林基金会不是家族基金会，而是个人基金会。“我夫人和孩子的钱不会捐出来，他们的钱是他们自己的。这个事情得说清楚。”

没有成立基金会之前，王健林一以贯之的都是大手笔捐赠。经过20多年的简单捐赠之后，王健林的慈善观念已发生改变。从早期的慈善就是扶贫助残，到后来他逐步认识到慈善是一个完整的事业，扶贫助残仅是其中的一块。他发现，怎样让社会认可慈善事业，甚至让民众自觉参与到慈善事业中，意义更大。而这就需要一个组织来做，不再像之前他每年除了捐钱，仅仅是到贫困点走一两趟。

从“闹妖”到首善

这条慈善之路始于1989年。那年是王健林下海创业的第二年。他于1988年获得大连一个棚户区改造项目，一年后赚取一千多万元，这是他的第一桶金。面对这笔巨款，王健林捐出了一百多万元，用于创建幼儿园。回忆25年前的第一笔大额捐赠，王健林对我感慨，“相当于现在的三千万元左右。”不过他又坦陈，当时有两个“需要”促成了捐赠：一是政府领导找他捐款，为了给领导面子而捐；第二是为了员工子女上幼儿园方便。两三年之后，他又在当地捐建了一座体育馆，价值两千多万元。“现在绝对值大钱了，起码值几个亿，当时对我来讲还是蛮吃力的。”

在王健林做慈善的前十年，无论是他个人还是企业，捐赠都没有免税政策，需要缴纳所得税。一边做慈善，一边还要遭受质疑。王健林忆及最初几年做慈善，被大连人认为是“闹妖”（大连话，搞怪事的意思）。尽管有这些困扰，王健林还是坚持做下去。“我很早就开始做慈善，可以说我是中国慈善事业的先导者，或者叫做先行者。”王健林认为。

之所以边赚钱边捐钱，王健林认为是儒家文化决定性地塑造了他的慈善价值观和商业伦理。1954年出生的他，成长年代正是“破四旧”和“文化大革命”，在学校并没有机会学习儒家典籍，但他仍从父母那里学到了孝、善。王健林说，他的父母让他做善事、守规矩，直接影响到后来做慈善。如今，王健林喜欢称扬对儒家的认同，并展现文化自觉。他在万达集团内部推动集体学习儒家经典，从前些年的《论语》开始，到今年的《礼记》。

与王健林保有二十多年友好关系的中国企业家俱乐部创始人、正和岛创始人刘东华，对我表示，王健林讲义气，仁厚。曾是资深媒体人的刘明胜说，王健林外表坚强、刚毅，但内心非常柔软，尤其见不得别人有困难，见到有困难的就会两肋插刀。一些不为人知的慈善细节是，王健林看报看电视，时常看到一些人遭遇各类危难，他会拿出自己的钱，直接让下属悄悄地送给困难者，而且不允许留名。“像这种情况我遇到过很多次，外界很少知道。他有很多的捐赠是大家都不知道的，我们集团知道的可能也就一两个人。”刘明胜说。2012年7月21日，北京发生洪涝灾害。第二天，王健林在公司吃早餐，从电视中看到新闻，直接指示刘明胜为受灾区捐出1000万元。

王健林的主要捐赠方向是扶贫和教育。他带领万达地产在全国布局扩张，也在全国捐钱。每到一个城市开发万达广场或者商业项目，万达总要捐出一笔钱或捐赠学校。他认为这种好的慈善名声虽然看不见，却可能得到其他地方政府的信任，有助于万达的发展。

当然，事实总不是尽然。2010年，为支持南京金陵大报恩寺重建，王健林一次性捐赠10亿元。原本是一件功德善事，却引来争议。对持续的争议，王健林说，“一边做商业一边做慈善，被认为是一种矛盾，这个观念太落后了，以后社会上的这种声音应该会越来越小。”

伴随着争议，他坚持只做不说。近些年来，他年度捐赠的数额从1亿元增长到2亿元、3亿元，再到这两年的4亿多元。

在成为商业王者的同时，王健林的慈善标签愈发明显。2005年，民政部颁发首届中华慈善奖“最具爱心慈善捐赠个人”，王健林一人摘取。那时，他在福布斯中国富豪榜上的名次仅排在第44位。此后8年，他又两次获得该奖项。在中国，富豪榜和慈善榜两个榜单前十位的名字极少重合，赚钱最多的人并非捐钱最多的，捐钱最多的也并非赚钱最多的。鲜见的例外就是王健林，去年，他不仅以千亿元左右的财富位列首富，也因4.38亿元的捐赠成为首善。

“慈善投入大，是钱赚多了之后的必然选择。”王健林说。

做最大慈善家

王健林早期崇拜的人是汉武帝；现在，他崇拜的人已换做比尔·盖茨（Bill Gates）。“我比较欣赏比尔·盖茨。他在那么高的位置急流勇退，而且专心做慈善，确实不错，值得学习。”他希望做像盖茨一样的世界级慈善家。唯一的不同是，他不会把个人财富全部捐出来，而是捐出90%。

“我没有比尔·盖茨那么伟大，把所有的钱都捐出来，除了留两百万美元给孩子。我觉得这不符合中国的传统，没有必要。为什么我还要留一部分给孩子呢？不光是让他生活得更好，还要给他留一部分做创业的基础。”王健林说。

从1988年创业至今，王健林的个人财富呈几何量级增长。近年的多个榜单，他都是首富。他的财富规模已达到了千亿元左右的庞大规模，一旦上市，他的财富量级则将跃上更高台阶。届时，捐出90%的财富，则意味着他在国内的慈善家中一骑绝尘，远远超过曹德旺、牛根生等大慈善家，也将超过李嘉诚；而王健林基金会，成为中国最大的慈善基金会自然无可争议。

对于90%的财富到底如何捐到基金会，王健林还没有确立固定的模式。在他看来，一种是直接捐现金成立基金会，靠基金的滚动发展；一种是不卖掉股权，将股权捐到基金会，或者在转不过去的情况下，先把每年的分红捐到基金会。

早在十年前，王健林就有了做中国最大慈善家的梦想。2005年，万达分别在北京、上海和宁波布局了三个商业地产项目，这是万达广场发展的第三代，集商业、酒店、写字楼、公寓等于一体。王健林豪迈地喊出，这是万达的三大战役，就像共产党夺取政权的三大战役一样，如果胜利了，万达的新模式就出来了。后来的事实证明，他成功了。万达广场的模式受到各地欢迎，万达进入了更快的发展轨道。王健林的财富自然水涨船高，他在富豪榜上的名次从40名之外快速跃入前十名，直至首富。在这样的势头支撑下，除了购买私人飞机、游艇等奢侈品之外，王健林的最大梦想从做最大的企业家，进而转化成做最大的慈善家。“现在看，当然是接近实现这个梦想的时候。”王健林告诉《中国慈善家》杂志。

与私人飞机、游艇给他带来的享受不同，慈善在给他带来别样的满足感。王健林行善二十多年的感悟是，做慈善是在帮助别人的同时能获得自身心灵的满足感，真正做慈善的人，不是为了面子，而是为了自身心灵的一种满足。他视慈善为自我提升、自我完善的修炼。

最大慈善家的“最大”，王健林的理解是，资金是核心标志。“比方说，每年捐一个亿和每年捐一百个亿，你一定要说捐一个亿的贡献更大，我觉得是比较牵强的，当然不排除有些人会有这样的意识，但是我觉得大部分人会觉得后者贡献更大，就像捐一个亿肯定比捐一百万贡献更大。”

除了资金的最大，王健林也希望在慈善项目上展现大和新。

2013年，王健林推出“万达集团大学生创业计划”慈善项目。为了该项目，王健林每年捐赠5000万元，支持100位大学生创业，每人提供50万元资金。该项目将持续十年，最终投入5亿元善款，支持1000名大学生创业。万达为创业大学生提供了8个创业方向：创意精品、潮流配饰、个人护理、特色餐饮、西饼蛋糕、饮品、甜点和DIY手工巧克力。这些创业项目均落户于万达广场。

这是王健林做慈善的最新动向，这一块，接下来将成为他的重点慈善项目。“根据我这么多年的慈善经验，我不太主张把我的钱都拿去做扶贫——一部分是要做的，但是更多的是要支持有梦想的青年人，这个意义可能会更大。”王健林说。近年，大学毕业生更多愿意选择报考公务员，不再有更早前的一股子闯劲。同时，近十年，并没有出现大规模的创业企业家，与改革开放前20年不可同日而语。据刘明胜介绍，王健林对此类现象颇为担忧。

支持有梦想的青年人

早在2010年，王健林和马云、丁磊、郭广昌、柳传志、董文标等企业家共同捐资发起成立瀛公益基金会，主要项目就是扶持青年创业。如今，王健林不再参与该基金会的事务。但他认为为现在做大学生创业公益项目提供了方向和经验。

不过，对于目前采用万达广场的优势平台支持大学生创业的方式，王健林并不十分满意。他说，如果将来找到合适的团队，就不再选择这样的模式。在他看来，这种创业独立性不强，仅具有示范性，将来还是要走社会化。“如果万达创业计划今后一二十年能培养出几个、十几个连锁经营的一流企业家，这个项目就意义非凡。”王健林说。

此外，最近王健林的另一项大手笔是，未来的十年，万达要捐出20亿元，用于支持青少年足球。

王健林董事长访瓦伦西亚俱乐部看望20名万达“希望之星”

2013年，邵氏电影公司创始人邵逸夫去世，因他在中国内地参与捐赠的数千所逸夫楼而获得大众的感念。“这样的好处是容易被大家看得见，记得住，是留名的一个好办法。如果把基金会做得比较大，可能这种留名的形式就不重要了。假如把基金会做到500亿元、1000亿元，甚至将来2000亿元、5000亿元，这么大的基金会将来会在社会、世界范围内产生影响，根本无需靠物体留名。这就是眼光、胸怀和境界的问题了。组织更优秀，组织留名就够了。”王健林说，“就像全球最大的慈善基金会比尔·盖茨基金会，就算比尔·盖茨去世了，这个基金会一定还是很厉害的。洛克菲勒基金会到现在也是赫赫有名，卡内基基金会到现在依然还在发挥作用。”

伴随着万达的国际化征程，王健林表示，他将来肯定会走向国际慈善界，毫无疑问。

尚未到达的高度

要做最大的慈善家，就要赚最多的钱。这是王健林的基本假设。王健林61岁，创业已过26载。看上去，他毫无倦怠之情，精力旺盛，雄心勃勃。在当前的阶段，相较于慈善，他仍旧对商业表现了更强烈的追求。

“现在，我更多的还是追求财富。为什么这么说呢？其实我不是单纯地追求财富，更多的还是想把企业做得更大，当然也意味着追求更多的财富。”王健林说。

2013年，万达集团营收超过1800亿元，王健林给今年设定的目标是2400亿元。只是，王健林的雄心和抱负已超越了国界，他把竞争对手转向了全球。他分析，在国内来看，万达是比较大的企业，可是放到国际上去看，就不算特别大的。另外，万达的国际化做得还不够，现在仅仅是在几个国家有一点业务，只能算有一点国际色彩，还算不上跨国企业。

建构在全球市场上的万达商业帝国，是王健林此刻的目标。推动他向前迈进的不是慈善，而是“为中国民营企业增一份光彩”。“这是我的梦想。”王健林以不容置疑的语气表示。1978年之后的第一代民营企业家，一批批因外部不确定性而倒下。王健林是硕果仅存的有限几人之一，也是尚未退出经营管理一线的企业家。在二十多年的创业生涯中，他亲身感受到民营企业地位的低下，不论是在政府官员面前，还是在巨无霸国有企业面前。

王健林有些负气地表示，“在中国的国土里，因为经济基础和政治体制所决定，国有企业和民营企业的政治地位、社会地位和在资本方面的地位，都是不一样的。所以我想，我们完全靠市场，不依靠政府资源，看看我们能不能做出一个世界超一流的企业出来。既是为中国企业争光，也是为我们民营企业正名。这是推动我一直不放弃发展、还在这么努力的原因。”

还有另外一件事情，接班，也需要时间。

在王健林开始创业的1988年，他的儿子王思聪降生。王思聪自小被送到国外，在新加坡读小学，在英国读中学和大学。他也因此被父亲看做外黄里白的“香蕉人”。从英国归来，王思聪担任了万达集团的董事，但并不负责任何事务。王健林拿出5亿元，让儿子成立了一家PE公司，任由其自己投资练手，锻炼能力。

在接受《中国慈善家》杂志采访时，王健林谈到儿子的投资成绩，有些高兴地表示，“去年投的项目还不错，回报率还可以。略有成就。”王健林并不在乎儿子赚了多少钱，他看重的是儿子的能力提升，这也是让他高兴的地方。创业过程中，王健林摔过跟头，被骗过钱，但他不退缩，隐忍前行。对于未来谁来接班，王健林公开表示，儿子有本事就接班，没本事就做股东，找职业经理人管理。让儿子摔跟头，花时间磨练，包含了他的接班期待。

让儿子在摔跟头中提升，王健林自己也并非万事大吉。他毫不避讳地说，万达难以保证不再摔一两个大跟头，但经过这样的锻炼，10年之后，万达才可能成为跨国企业。

王健林说，“我不知道大家能不能理解我说的是真话，我觉得万达现在还处于爬坡阶段，还没有到我自己心目的那个高度。等到了那个高度，也许我的主要精力就转向做慈善了。但现在还没到。”

退休之后转型做慈善

以盖茨为参照系，王健林要学习的不仅是成立慈善资产庞大的基金会，他还要学习盖茨亲力亲为做慈善的投入状态。不过，这个阶段还没有到来。他说，“我基本定位就是2020年，到时候想退下来，彻底转型。”到那时，他希望像盖茨一样，专职做慈善。

“2020年正式退休之后，不排除我去承包一个贫困县，专门进行扶贫。”

王健林对扶贫有着浓郁的情感。此前的一二十年，王健林参与定点扶贫两个村。在一个村子，万达捐钱给贫困的农户建设猪圈，在由一家对日本出口猪肉的企业采取“公司加农户”的模式，为农户提供猪崽、饲料。为防止村民把种猪崽宰杀吃掉，企业向农户收取一笔高额的抵押款。这笔抵押款也由万达提供。王健林算了笔账，一户养20头猪，企业回收的时候，分成A、B、C三个等级，最大的给500元，最小的给100元，这样一户就可以赚近万元。结果，在没有风险的情况下，这个有四五百户贫困家庭的村子，最后只有十几户选择养殖，其他更多的家庭并没有参与。

经过近二十年的投入，王健林扶贫的两个村子并没有发生根本性的变化，尽管人均收入比全国农村人均收入略高，但在王健林看来那是万达投钱的结果，给钱，分钱。王健林有些恼火，无奈地感叹“可怜之人必有可恨之处”，同时他又反思自己，“也许是我们没有找对路子”。

全国工商联成立专门的扶贫工作委员会，身兼全国工商联副主席的王健林出任扶贫工作委员会主任，在宁夏等地贫困地区扶贫，既捐钱，又派驻扶贫干部，但多年来也没有实际效果。王健林总结，除了个别地区因为发现石油、煤炭等资源而改变贫困面貌之外，大部分贫困地区的格局没有实质变化，例如百年来流传的穷甲天下的宁夏固原地区，到现在依然贫困，陕北地区也是如此。

王健林感受到，扶贫是一件挺难的事情，很费劲。二十年的参与并无结果，王健林并无气馁，愈发激发他非要蹚出一条扶贫之路来，只是现在他并没有太多时间思考如何解决这个问题。

“等我不搞企业，专门做慈善的时候，我相信一定会比别人（做慈善的）聪明一点。这是肯定的。”王健林说。

对话王健林：企业家不做慈善，上流社会不容纳

（采访时间：2014年4月29日）

谈慈善环境：观念在进步，质疑会变少

宋厚亮：你参与慈善有二十多年了，从历史的视角看，大的慈善环境有哪些变化？

王健林：最大的变化，是中国人的慈善观念变化了。在1980年代做善事的时候，有人说你是在“闹妖”（大连话，搞怪事的意思），而且那个时候绝大多数人不认为慈善是一件光荣的事，也没有认可的。到后来颁发第一届中华慈善奖，加上社会进步，人们收入水平提高，慈善被看做是一种比较光彩、光荣的事情。所以也就有些人打着慈善的幌子来做什么事情。在我看来，最大的变化就是人们慈善的观念在进步，和对慈善事业的关注。

现在美国企业家为什么流行捐款，是因为社会的氛围。不这么做进不了主流，上流社会或者主流社会不太容纳。我相信中国，再过一段时间，也会出现这样的局面。

第二个变化，就是党和政府的慈善观念的变化。以前官方是从来不对慈善有什么说法的，现在认为是很重要的事情。每年国家颁布中华慈善奖，连颁八届，有两届是胡主席出席的，国家领导人出席慈善颁奖，这是极少见的。党和政府也认识到慈善是社会事业的非常重要的补充。他们不再认为政府是万能的。以前认为政府包揽天下，要你们这些企业家出来做什么慈善；还有的认为，你们企业家出来做慈善，是不是证明政府工作没做好，给政府抹黑？还真有这个想法的。但是现在政府不这样想了。随着NGO组织越来越多，今后政府将会逐渐退到本位。

第三个变化，这些年，真心实意做慈善的企业家越来越多。搞假慈善的还是少的。有些企业家知名度可能不是那么高，但是我真的看到有些人在做。我去四川的一些山区，看到真有一些学者、记者、小企业家在那里做了好多年慈善，很感人。

宋厚亮：做慈善这么多年，你个人的慈善观念是否也发生某些改变？

王健林：最早的时候，我做慈善就是扶贫助残。后来我认识到慈善是一个完整的事业，扶贫助残只是其中一方面，更重要的问题是要唤起社会民众的知觉，这个比我单纯扶贫助残更有意义。怎样让社会认可慈善事业，或者让民众自觉参与到慈善事业中，这个意义更大。所以将来一定要靠一个组织来做慈善。过去我都是自己每年花点钱，去贫困点走一两趟。现在我觉得身体力行是一方面，但不是主要的，我觉得以后要靠组织体系，靠社会体系。将来要找对的人做对的事。

宋厚亮：尽管你提到中国人的慈善观念在进步，但对包括你在内的慈善家，尤其是边做商业边做慈善，一直有质疑的声音。你怎么看？

王健林：我觉得在中国社会这个声音是越来越少的。首先做商人和做慈善本身就不矛盾。第二从社会现实来看，做慈善最多的就是商人，因为商人拿得出钱。慈善最重要的是要解决资金，不管你是助贫还是其他社会事业，首先就是解决资金，资金从哪里来？商人。所以说一边做商业一边做慈善，被认为是一种矛盾，这个观念太落后了，以后社会上的这种声音应该会越来越小。

中国还有一个很奇怪的现象，做慈善的主要是房地产企业家。这里面包括一点点房地产商人的赎罪心态，但不是主要的。因为房地产企业总体来讲，还是赚钱比较多。比如制造业利润薄，就一个点两个点，干了一百亿，就一两个亿的利润，他怎么去做慈善？当然也可以去做，就是比较小。还有一个行业，金融业，也很赚钱。但为什么金融业做慈善的也相对较少呢？因为金融业是国有的，拿钱出来费劲。将来民营银行开放了，十年后看，中国假如有30家、50家民营银行，出来几十个民营金融大老板，可能民营金融业也会是慈善的主力军。

谈参照系：欣赏比尔·盖茨和胡雪岩

宋厚亮：万达进入全球扩张时代，成为一家跨国公司。从洛克菲勒、福特到比尔·盖茨等跨国公司的企业家，都在全球做慈善，你有怎样的考虑和布局？

王健林：我是这么认为的，全球慈善要从两方面看，不能简单地认为做全球慈善就是好的。全球慈善当中，有相当一部分是打着慈善的幌子，实际是在为他的国家战略、国家经济甚至是国家安全服务的。很简单，索罗斯就是非常明显的例子，他做了很多的慈善，但是他针对性非常强，就是对他们所谓的不民主国家，去做慈善。

宋厚亮：在你看来，索罗斯这样做不好？

王健林：我认为不好。民主当然是不错的事情，但是民主应该是内生性的，需要自身发展。外力是行不通的，像乌克兰，民主有了吗？还有埃及、伊拉克、利比亚等这些国家。外部力量推翻，结果国家更乱了。为什么呢？强人政治，没有社会力量。如果有两个基本的大的组织，那就可以托起来。在强人政治的时候，这些东西都是分散的，一边倒。

还有一些美国的在非洲搞工程慈善，也不完全是真实的慈善。所以我觉得全球慈善应该两分法，有一些人，像比尔·盖茨、巴菲特，那是真心实意地在做，而且推动全球慈善意识的发展和提升，他们到中国及世界各地去游说，这些是比较赞赏的。但是也有相当一部分慈善机构是出于政治目的。所以我觉得国际慈善应该两分法，不能简单说美国在做善事，我们就该完全接纳，或者完全给予赞扬。

我将来肯定会走向国际慈善界，这是毫无疑问的。随着企业国际化，我也会参加这些活动，但我可能会有选择性地参加。

宋厚亮：*在慈善家这一块，你个人有没有一个参照系，你提到了比尔·盖茨？*

王健林：我比较欣赏比尔·盖茨。他在那么高的位置急流勇退，而且专心做慈善，确实不错，值得学习。盖茨夫妇都是亲力亲为。

宋厚亮：*在中国历史上也有众多的慈善家，有没有哪位是你欣赏的？*

王健林：在中国历史上，胡雪岩不错，中国最大一笔慈善就是胡雪岩做的，出了几百万两白银支持左宗棠把新疆收回来，是多么大的善事。当年所谓的借，可是借了能还得了么。借给左宗棠的银子相当于国库两年的钱。左宗棠打了几年的仗，几十万军队的吃喝，多大的事情。就因为这笔借款，胡雪岩自己也不行了，实力受到很大的影响。再加上他靠向左宗棠的势力，被另外一派势力整死了。他应该是比较伟大的，生意做得那么大，特别是有这种家国情怀。

宋厚亮：他的官商一体的身份把他的慈善给淹没掉了。

王健林：那个年代都是那样，他没有办法分开。那个时候公开就卖官，可以捐官，这个是很正常的，是个人都会去捐个官的。只是正三品、从三品还不一样。什么叫从三品？就是候补的，没有实权。有三品的顶戴花翎，有荣誉身份，一来个什么活动，可以穿着官服去参加，七品官也同样给你作个揖鞠个躬，但实际上没你什么事。也可以叫正部级衔，国家不给你一分钱，就给你一个衔，这是很搞怪的，全世界都没有这样的情况，但是那个年代就是如此。

为什么现在写胡雪岩的作品这么多，到他故居参观的人也这么多？如果他本人不是一个比较正面或者比较伟大的人物，国家也不会把他的故居保留下来，现在每年参观的人也有上百万。

谈梦想：为民营企业增一份光彩

宋厚亮：相比商业和财富的成就，慈善会给你的内心带来哪些变化？怎么看慈善与内心的关系？

王健林：对于慈善，过去中国人有一个传统观念：乐善好施，或者叫助人为乐。慈善最重要的就是在帮助别人的同时能获得自身心灵满足感。所以真正做慈善的人，不是为了面子，而是为了自身心灵的一种满足。在帮助别人的同时自己活得快乐。这是真实的很舒服的感受，所以可以长远地做下去。所以我觉得做慈善对于我本身来说是一种很好的完善，心灵的提升。

我做慈善的时候，中国哪有什么做慈善的概念。我从1989年开始做第一笔慈善，到1998年，大概十年的时间，做慈善是要缴税的，那个时候没有抵扣，没有免税政策，万达还真为了做慈善缴税，还是一样做了慈善。很多同事说第二年不做了，但我说咱们该怎么做还怎么做，我相信以后会有变化的。1997年还是1998年，出台了可以抵扣应纳税额的2%，后来是5%，一直到现在的12%。但我相信总有一天会像海外似的，只要做慈善，可以全额抵扣。因为谁也不会傻到把所有利润全部拿来做慈善，那样企业没有持续性，没有持续性，也就无法持续慈善。

所以我的看法是，慈善是对万达自身的一种完善，对我个人的一种完善。

宋厚亮：这种完善是对获得财富后的完善？

王健林：不光是财富，是心灵，是对万达文化的一种完善。我经常用一个事实告诉我的员工，我们最早坚持做慈善，每年开始安排1个亿，后来2个亿、3个亿，到前年开始每年4个亿的预算安排，实际执行中可能还会略多一点。你们大家想一个问题，我们这样每年拿出四五个亿现金来做慈善，影响万达的发展了没有？没有，可能这种好的名声在某种意义上是看不到的，但这种看不到的名声可能有助于万达的发展，好的名声可能会得到别的地方政府的信任。

宋厚亮：你的梦想之一是做中国最大的慈善家，这反过来是不是会推动你的更大的商业抱负，以此更好地实现最大慈善家的梦想？

王健林：也不能这么说。当然也有一部分的原因，做最大的慈善家，就要赚更多的钱。真正推动我的还不是慈善这个梦想，而是为中国民营企业增一份光彩，这是我的梦想。因为中国的民营企业，说实话，地位是比较低的，跟国有企业的待遇确实是不一样的，不同等的。

随便举个例子，国有企业在全国开企业，可以一个系统汇算清账，就是统一到总部来结账。但是民营企业就不可以，只能是子公司，不能干分公司，就是到武汉成立武汉公司，到四川成立四川公司，到北京成立北京公司，各算各的账。只有报表可以合并，其他的不能动，资金、利润、税什么的不可以。还有一个，说起来社会可能都不一定知道，是很大的一个笑话，国有企业总部的费用可以对下属公司直接分摊，民营企业不可以。这不是个笑话么，民营企业做成像万达这么大的，或者比万达小一点，已经是全国性的企业了，它总部的费用从哪里来？你要分摊费用，可以，到国家税务总局一年一批，批得多麻烦。你每年报上去，哪怕一个星期批下来也行，但是最长的时候6、7个月才批下来。还有很多很多。

在中国的国土里，因为经济基础和政治体制所决定，国有企业和民营企业的政治地位和社会地位、在资本方面的地位，都是不一样的。所以我就想，我们完全靠市场，不依靠政府资源，看看我们能不能做出一个世界超一流的企业出来。既是为中国企业争光，也是为我们民营企业正名。这个是推动我一直不放弃发展，在别人似乎认为已经很成功了，我还这么努力的重要原因。

谈儒家：中华文化的根源

宋厚亮：你曾多次提到儒家的思想对你的影响很大，能否具体谈谈？

王健林：这不是我提的，这是中华文化的根源，是我们国家民族文化的根源，根之所在。但是个人或者组织有没有这个文化自觉，愿不愿意主动去传承它，还是被动地甚至是被逼地去接受它，那是另外一回事。我自己有这个文化自觉，我认同这个文化，我认同我们的根是儒家。所以在十几年前，于丹还没有出来的时候，我们企业内部就开始讲《论语》了。内部发文件，推荐这本书，组织《论语》的演讲比赛等等，多了去了。很多学者还奇怪说你们房地产公司，怎么还大规模组织员工学习《论语》。宋代不是有句名言“半部《论语》治天下”嘛，我当然不是说半部《论语》就真的治天下了，但是我觉得整体思想很好。

中华文化博大精深，根深蒂固，灭不了的。历史上很多人灭佛灭儒，有些皇帝不喜欢，南北朝的时候皇帝灭佛几十年，最后还不是他死了，佛还照样传承着。

宋厚亮：如此说，儒家对你作为企业家的商业伦理和慈善，是不是有很大的影响？

王健林：当然，决定性的因素。儒家的核心思想，就是“孝善”两字。这里的孝，更多的是忠君、忠父母，天地君亲师，这是孝的排序。天是什么？天就是它的这套教化的东西。这套东西它起码强调的是孝，第二就是善，这是核心。儒家是劝孝劝善，当然更深的一个层面是包括治国、社会伦理、言行举止、道德约束，都有。但是最核心的东西还是孝善，你看它创造出来的二十四孝图，劝人们行孝、行善。所以这些思想在中华民族传承了两千年，很正面。我从小在家受教于父母，很大的一个思想就是，要做善事，要守规矩。这对我从商以后很早就开始做慈善，有直接的影响。可以说我是中国慈善事业的先导者，或者叫作先行者。

04

任志强

任志强，1951年出生，籍贯山东莱州，原北京市华远地产股份有限公司董事长，阿拉善SEE生态协会会长。

任志强：大炮@小时代

工作中的任志强

在对任志强的采访刚开始时，我有一种不在场之感。当任志强的秘书告诉他记者到来时，他不仅没有站起来，而且也不抬头，不说话，仍在忙着上网。他穿着黑色西装，没有打领带，孤傲如雄鹰。

我在他的对面坐下，看他在忙，问他采访是否可以开始。他一边上网一边答道："问吧，我可以一心多用。"

五六分钟之后，他停下了电脑上的工作，用一双锐利的眼睛看着我。随着交流的深入，他眼光渐渐变得柔和，不再咄咄逼人，回答问题也更加细致。每隔不到20分钟，他会抽一支烟。说话的时候，他像含着一块糖，完全没有在北京生长的人的一副京腔。他的表情始终如一，不苟言笑，但也没有传说中的横眉冷对，语言一以贯之的是柔和、低沉。

任志强来自大时代，即便是到了当下的物质主义的小时代，他仍保留着天下情怀的本色。他信仰共产主义，但却推动建立了真正的市场经济。他掌舵国有企业，听从上级领导的指示，包括企业的捐赠方向，他也按照自己的志趣，发愿社会启蒙，让大家学会独立思考。他在商场上横眉冷对，独霸一方，参与公益却是古道热肠。公益，将他坚硬的外壳下的柔软和情怀展露出来。他从“人民公敌”变为了“大众情人”。

竞选 | 高票当选会长

当阿拉善SEE生态协会第四届会长冯仑宣布第五届会长是任志强时，100多人的会场响起了持续的掌声和祝贺声。

2013年11月9日下午，SEE 2013年度会员大会在北京召开，160多位企业家会员来到现场。这是SEE的第五次选举大会，也是参加人数最多的一次，座位全部坐满，秘书处的工作人员不得不站着。大会的议程分为三部分：工作报告、换届选举和公益晚宴。无疑，和历届大会一样，第二部分的换届选举最受瞩目，民主选举的激烈和不确定性吸引着大家。SEE的监事、章程委员会委员和理事都要经过选举产生，每位候选人有3分钟的竞选演说时间，并有2分钟时间回答会员提问。这一次有10位会员竞选理事，包括首创集团董事长刘晓光、新地集团董事长漆洪波、雅昌文化集团董事长万捷等，他们中的8位最终会成为理事。

任志强穿着由台湾会员提供的绿色马甲，一脸严肃地发表演讲。看到任志强登台，坐在下面的一些会员纷纷拿起手机拍照，有的站了起来。他说这两年每年参加SEE的时间在60天以上，比会长冯仑的时间还多。台下大笑。好在冯仑因飞机晚点而迟到了，没有听到任志强的奚落。他的演讲整体显得平淡，没有一般选举中的哗众取宠，更没有展现拉选票的策略。但在此后公布的选举结果中，他获得了有效票189张中的186票，成为SEE历史上得票数和得票率最高的理事，他因此当选下届会长。

在现场的掌声和欢呼声中，任志强仍是严肃的表情，丝毫没有大胜的喜悦。选举之前，他就说过，自己可能会当选下届会长。“各个片区在私下讨论的时候已经众望所归了。不用预测。”不过，当选后的他，内心还是难掩兴奋。在微博上，他有四五次写道：“成为唯一一个在阿拉善协会担任过会长、监事长、章程委员会主席三个职务的会员”。接受慈传媒《中国慈善家》杂志采访时，他再次强调了这个“唯一”。他的“好基友”潘石屹向他调侃道：“这官什么级别，比‘妇科级’大吗？”任志强曾担任华远集团董事长，他说如果按行政级别算只能是科级。不过，这一次，他豪迈地告诉潘石屹：“还不如‘妇科级’的低起点，但却能干出比省部级更辉煌的事业。中国最大的公益环保行动！”同时，他还不忘揶揄潘石屹：“十年前你曾经参加过，半路你当逃兵了。”

看到得票数，任志强的好朋友、万博置业有限公司董事长米瑞蓉兴奋地打趣：“至少还有三个人反对你。”任志强不以为意：“可称为众望所归了。何须求全？”

2004年，刘晓光发起成立SEE，每人每年交10万元，连续交10年即可成为终身会员，不需再交会员费。SEE成立时，有80多位会员，目前已至10年，坚持下来的仅剩下39位。任志强即是其中之一。SEE成立之初，确定了一人一票的民主选举。在第一届监事选举中，任志强竞选败北，一年后的监事补选，他再次失败。这打击了他的积极性，他一度不想再参与竞选，不过在朋友的鼓动下，他参加了第二届监事竞选。竞选时，他拿着一本杂志，其封面报道是《“人民公敌”任志强》，他指着杂志说：“我被称为‘人民公敌’，我最大的罪状就是说真话。如果我能当选，我一定会说真话，我起码不会跟他们同流合污。”这感染了大家，他得票第一，出任第二届监事长。此后的时间，不论是做监事长还是章程委员会主席，他仍旧保持了一贯的“大炮”风格，SEE第四届理事童书盟接受慈传媒《中国慈善家》采访时回忆，时任招商银行行长马蔚华竞选理事，只因身在美国，委托冯仑代读竞选稿。冯仑读到一半停下来说，他是接受马蔚华委托，马蔚华语重心长、情真意切地拜托他，听到这里，任志强立即站起来抗议，他说，这是代替拉选票，他甚至建议废除马蔚华的被选举资格。“那个时候，很多人可能知道冯仑这么做不对，但是面对冯仑，面对马蔚华，没有人愿意或者敢起来说这样不对。任志强不怕，他觉得这个事是公正的就要说。”

不论是王石当会长还是冯仑当会长，任志强看到问题时总是直截了当地提出，当面“叫板”。以至于王石任SEE会长期间的一次理事会，会议结束，主持会议的王石说感到会议开得寂寞，一想，是任志强没列席参加。

不过，任志强并没有成为SEE的“公敌”。童书盟认为，“他以这么高的票数当选会长，这么多人选他，证明他不仅没有得罪人，反而得到大家的信任。”

2013年竞选理事之前，SEE的七大片区在各自私下讨论的时候，已经基本认为非任志强莫属，甚至一年多前，即有会员预判任志强将是第五届会长。童书盟认为，SEE的会长应是一个领袖级人物，反映在公益组织，应具备三个条件：一是公益形象好，自愿拿出金钱、时间和心血用在公益上；二是熟悉公益组织的运作；三是有人格魅力。这几条，任志强都已具备。

任志强直言不讳地说，自己之所以高票当选会长，是因为工作做得好。“我当监事长的过程中，大家都公认我是最好的监事长；我当章程委员会主席的时候，大家也认为我所管的章程符合大家的意愿。这为我当会长奠定了基础。”任志强的自我表述与童书盟的观点一致，童书盟认为，任志强是SEE最负责的监事长、最负责的章程委员会主席。具体到工作层面，童书盟说，SEE每季度、每年度的财务报告，任志强都要从头到尾看。“我觉得真的没有一个企业家，像他这么认真地对待SEE的事情。企业家做公益，出于公益心，量力而行。他就是认真。”

不过，竞选理事，任志强再次面临被迫放弃的局面。这一年，微博“大V”遭遇诸多压力。有领导获知任志强有意参选理事后告诉他，最好不要到社会组织担任领导职务。尽管领导并没有指明具体的社会组织，作为共产党员，一向听从“组织”的任志强，决定放弃参选。“领导有所担心，所以我不想当。”任志强告诉慈传媒《中国慈善家》杂志。不过，在众多会员的劝说下，任志强勇敢地坚定了参选的信心：“很多人希望我当会长。在我不想当会长的时候，很多人会支持和鼓励我。很多人都是非常强烈地要求我当会长。”

暗访 | 上市公司被迫停牌

按照SEE的规定，会员参与SEE的活动，可以由秘书或指定的人代为出席，而任志强总是亲自参加。会长需要更多的时间参与具体的活动，不过在2013年，会长冯仑因为公司事务，更多的时间在国外，监事长、上海证大投资集团董事长戴志康忙着打官司。这让SEE秘书长刘小钢甚是为难，一些活动不得不一次次动员任志强参加。作为SEE三大领导之一，任志强接到刘小钢的电话后，不抱怨，不拒绝，总会安排时间参加。“按道理说，很多场合不应该由我出席，但是他们没有办法才让我出席，我顶替了很多应该是会长做的事情。”

2013年，SEE启动了一项“念水行动”，活动围绕水资源保护展开。一众会员亲自参访三江源、重庆、湖南、台湾等地。8月11日，由七位会员企业家组成，包括SEE秘书长刘小钢、北京世嘉房地产开发有限公司董事长朱全等，任志强亲自带队，前往重庆调查当地的环境污染。这是一次暗访性质的调查，重庆两江志愿发展服务中心负责人向春成为此次暗访的向导。

任志强在念水行动（一）

此时的重庆正值最为炎热的季节，在40℃的高温下，任志强一行戴着竹帽，穿着统一的白色T恤，上面印有“念水行动——卫水，为自己”。上午9点多，他们到达一家名为攀钢集团重庆钛业股份有限公司（以下简称“攀渝钛业”）的排污口。攀渝钛业位于长江边上，生产钛白粉，巨大的废渣场与长江仅有数十米之距，其污水直接排向了长江。长江沿岸和江水均呈现锈红色。任志强和会员一起取来江水，并用快速检测包检测到水中的铁、锰严重超标。

任志强边看边了解情况边发微博。9点39分，根据检测数据，任志强发出了一条微博，“攀渝钛业上市公司向长江直排污水的排水口。红色的污水含铁量超标近百倍”，同时配发了一张照片：排污口周围的野草已枯黄或枯死，周围水域泛着红色。10点03分，他再次发了一条微博，“刚取的排污水样。颜色象橙汁。污染很严重”，配发的照片中，一瓶水看上去的确像橙汁。

任志强在念水行动（二）

在现场，任志强感叹：“我们在重庆上游的长江边探访到重金属严重超标的污水排放，这对贯穿中国全境的母亲河来说是一场灾难。水源不仅是为了我们的地球，与其让我们的子孙后代都生活在污染之中，不如从我们这一代人行动起来，加入到水保护之中。”看到任志强的微博后，一位网友发出了这样的评论：“任大炮，过去只会炒楼；而今，会做公益，改变了个人对您的观点，期待您为群众做喉舌，为百姓谋福利。”

这次暗访，无论是SEE，还是重庆两江志愿发展服务中心，既没有跟攀渝钛业打招呼，也没有跟重庆环保局打招呼。不过，尽管当天是周日，下午时分，重庆环保局的官方微博仍作出了有限的回应，表示环保局将派人取水采样，展开检测分析，并在发出该微博的同时，“艾特”了任志强。除此之外，政府和企业都没有任何直接的回应。

暗访结束，任志强回到了北京。第二天上午，向春和刘小钢等人开会，他说，攀渝钛业是上市公司，昨天的暗访会不会造成股价波动呢？当他查看股市行情时，令他意想不到的事情发生了，攀渝钛业当天停牌。这个结果让向春和SEE的人激动。很快，重庆市环保局开始直接和向春、SEE对话。据当地新闻媒体报道，此事引起重庆市委市政府的重视，责成环保局直接处理。8月13日，重压之下的攀渝钛业不得不作出回应，他们刊登了一封“致歉信”，表达了整改的决心。

重庆两江志愿发展服务中心由向春发起创办，推动重庆当地的环保事业。2012年7月，向春和他的同事发现了攀渝钛业的排污情况，在进行了污染检测之后，多次向重庆环保局投诉。重庆环保局后来对外称，对其进行了六次行政处罚和整改意见，但效果始终不大。让整个暗访团队没想到的是，任志强的微博改变了这一现状。

作为新浪微博的大V，任志强有几千万粉丝。他喜欢在微博上发表自己的看法和态度，经常在早晨7点不到的时候就开始发微博，直到夜里12点还在发，每天发布的微博数量多达50多条。更重要的是，他的微博圈子，有好友潘石屹夫妇、前搜狐网总编辑刘春等众多知名企业家、意见领袖和媒体领袖。他的一条微博往往获得数千次转发、数百人评论，影响力不容小觑。他参与的公益组织的信息，他总是积极转发，尤其是SEE，以至于SEE的人员戏称他为机构节省了一大笔广告费。

看到任志强的“大作”，潘石屹致意：“牛啊！”任志强也不无得意地说：“偶尔牛一回。”因此事件，在SEE的理事会上，任志强获得吴敬琏亲手颁发的“念水行动”锦旗一面。拿到锦旗，任志强难得地露出笑容。

事实上，这并不是任志强的“偶尔”。采访时，任志强说：“我们参与的活动很多，但内容不一定都是治污，比如说保护黑嘴鸥。”辽宁省盘锦市是世界最大的黑嘴鸥栖息地，在辽宁省的公路规划中，为了节省资金，一条公路将纵穿黑嘴鸥栖息地。为了阻止这一破坏生态的发展方式，SEE与盘锦市黑嘴鸥保护协会一并呼吁，并与政府协商，任志强参与，最终，“我们已经让高速公路改道”。

公益 | 看重对整个社会都有意义的事

在任志强硕大的办公桌上，堆放着大量的文件资料和书籍，显得颇为杂乱。他的阅读量惊人，据说每天读书六万字，并且在睡觉前半个多小时前完成。《华尔街日报》中文网主编袁莉私下问过任志强，为什么读书如此快。任志强答，因为很多书读过，有知识积累，自然看得快。他的阅读内容，既有他长期研究的房地产和经济，更有政治、历史和文学。虽然初中未毕业，但是凭借着非同一般的学习能力，他让自己变得知识广博，在卸任华远集团董事长后，担任了北京师范大学等几所大学的客座教授。

因为对书的热爱，自2011年起，华远地产开始捐助中国金融博物馆书院读书会。他对读书会充满了期待和感情，几乎每场活动都参加，他认为这是自己为公益组织投入时间最多的一个。“不仅仅是爱好，我们更多的是认为社会需要。我们看到社会上很多人不读书，这就是社会需要；我们看到社会上有很多不正确的言论，对社会会产生非常不良的影响，这也是社会需要。”任志强说。

支持读书会，他有一个伟大的目标，希望以此平台开启启蒙。在这个平台上，其主讲人包括企业家、学者、作家，多读书对社会有着深刻的洞察力和独立的见解。任志强说，目前已看到启蒙的效果，“全国各地的读书会越来越多了。这不就是效果吗？”

读书会

做公益，任志强有着自己的偏好，对于救灾救命的事情，他参与不多。“我把对整个社会都有意义的事看得很重，”任志强说，“做得更多的是普遍性的教育，让大家学会独立思考，让大家都学会生存。”

20多年前，任志强先后结识了经济学家盛洪和茅于轼，此后天则经济研究所成立后，华远给予捐助，持续至今。尽管并非每年都捐助，但凡遇到重大会议，或者研究项目，华远都会支持。作为中国最著名的民间智库，天则经济研究所的诸多研究都保持了独立，也因此时常遇到干扰。尽管一些企业家提供资助，但并不愿意公开。而任志强并不担心，经常出现在天则经济研究所的会议上。

1995年，中国经济改革研究基金会成立，任志强透过华远集团捐赠1000万元。截至2014年，捐赠已超过2000万元。尽管该基金会是公募基金会，却是由著名改革派机构中国经济体制改革研究会领导发起的，发起人包括安志文、高尚全等改革人物。为此捐赠，任志强特意由华远集团来做，而没有由上市公司做。在他看来，国有企业捐助更名正言顺，国资委在审核与批准时，更容易获得审批。

此外，中国经济50人论坛、中国金融40人论坛等著名的经济智库，华远都提供了资助。任志强已透过华远为20多家公益机构、智库等捐助。

2012第九届精瑞科学技术奖颁奖典礼

任志强认为，为这些机构的捐助，与为SEE、读书会、富平学校（北京乐平公益基金会）等一致，都是授人以渔。“授人以渔，很重要的就是改变我们的社会治理。如果资助某一项活动的话，还不如资助中国经济改革研究基金会提出更多涉及国家改革的重大研究成果。这个制度如果不改变，后续问题是几代人的问题，它和保护自然环境是一样的，制度是我们的生存环境。”作为国有企业的掌舵人，他却公开说要消灭国有企业，实现真正的市场经济。不仅嘴上说说，他更是在做有效推动。

冯仑在评价任志强时说：“任志强有三个特点：第一，爱没事找事；第二，爱把别人的事当自己的事；第三，把自己的事从来不当事。”

不过，所有这些捐助，并非来自任志强个人的财富。此前，任志强担任国有企业华远集团的董事长，并兼任国有控股上市公司华远地产的董事长。虽然是全国知名的企业家，但作为国有企业管理者，他的财富远远不足以登上富豪榜。他仍尽自己所能，每年过节，都自掏腰包为华远员工的独生子女发钱。“如果用这些钱买一套房子，现在值几千万元。”他还每年支持七八个少数民族的大学生上学。

虽倾情公益，但任志强并不考虑退休后专职做公益，这不是他的个人方向。“我们早就该退出舞台，现在只是帮社会发挥余热。要尽可能早地把舞台交给别人。”

企业家的财力、智力、能力和爱心，奉献给公益，任志强视为新型公民的社会责任，更是从土豪到绅士的转换。

对话任志强：政府失误太多逼着企业家不得不做公益

（采访时间：2013年12月16日）

以后可能会有越来越多的公益组织

宋厚亮：你参与公益事业这么多年，怎么看中美两国企业家对慈善的态度？

任志强：在中国，最初大家都把所有的资金投入在企业的生存上，没有更多的余力去做大量的公益。那时候要求所有的企业家必须拿出钱来做公益是一种奢侈。在美国，除了比尔·盖茨和巴菲特，大部分都是第二代、第三代才开始做慈善。因为在市场充分竞争的条件下，很多企业并不具备剩余的能力用于公益，他们首先得考虑生存问题，他们都是在发展到一定程度之后，才把大量的资金用于公益和反馈社会。

中国比他们好一点。中国过去处在一个贫穷时代，企业也是把大量资金投于生存，但有些企业已经具备了在第一代的时候就开始投入公益事业的能力。现在我们看到，越来越多的企业开始加入到慈善行业，就是因为他们越来越多地具备了参与公益活动的能力，同时他们也被公益活动和公益机构所感动。

我们可以看到这十几年发生的变化，我们最初成立阿拉善生态协会，是以治理沙尘暴为主。但今年沙漠化已经不在环保事业的首要位置，更多人关心的是水、食品污染、空气污染和雾霾，所以他们更愿意加入到环保当中去。

宋厚亮：为什么中国的企业家在第一代就开始做公益，而美国是第二、三代呢？有文化的原因吗？

任志强：和文化没什么关系。严格说起来，应该是我们政府的失误太多，逼着企业家不得不在没有太多能力的时候就开始做大量的公益。在发达的社会和民主的社会里，公民有权要求政府去做很多很多事情，在我们这个社会，我们没有办法要求政府去做这些该做的事情，所以企业就自己去做。发达社会的政府该做的事情不足以做全，但是政府给了很多优惠的条件鼓励社会去做。中国不鼓励，比如说过去只承认六大官方机构的捐款可以免税。在美国，任何一个公益基金都可以享受免税，甚至个人。

我们的公益组织全部加起来就几千家，美国是几十万家。产生这个差距就是因为社会制度的不同，我们的社会制度不足以让更多的NGO组织产生和出现。比如说我们要注册一个机构很难，壹基金一开始挂在红十字会下面，后来不得不转到深圳。大概只有深圳作为开放性的城市可以注册，在其他地方根本就注册不了。如果一个社会制度不能容忍NGO组织去从事公益事业的话，那这个社会一定把更多的希望寄托到政府身上，政府实际上做不到。

宋厚亮：这几年，尤其是新一届领导人走马上任，是否已有一些变化？

任志强：政府在发生变化，十八届三中全会已经特别强调了社会组织的发展，这在过去党的文件里面没有出现过。说明这一届领导班子开始认识到这些问题，对社会公益发展是一个好事，以后可能会有越来越多的公益组织。

我反对企业家要承担多少社会责任

宋厚亮：其实，很多企业家在用公益装点门面，你有哪些观察？

任志强：企业的底线是最主要的，我们最怕的就是这边捐了钱，那边就去做大量的污染排放。这种企业以慈善为名，最不好，我宁愿不要你的钱。你应该把这个钱用于你的企业做环保，善待劳动工人，不要作假，要诚信。如果这些都做好了，我相信这个社会一定是最好的，而不在于你捐了多少钱以后这个社会就会好了，完全是两个概念。如果你在自己内部做好了以后，再拿出更多的资金做环保事业，这是更好的。如果企业没有做好，你拿出再多的钱也不能“买”回来。

宋厚亮：最近一年，关于企业家在社会变革时期的角色和责任，有许多讨论，你的观点是什么？

任志强：每个企业家愿意做什么，该做什么，能做什么，不是一个法律的规定。只要不违反法律的规定，企业家就会按照自己的兴趣做。曹德旺是慈善家，他的捐款比我们多多了，他有自己的想法，万通有万通的基金会，万科有万科的基金会，潘石屹也有自己的教育基金会，他们都有自己要做的公益事业。每个人的兴趣是不一样的，你做的他不一定做，他做的你不一定做，每个企业家都有自己选择的权利，对某一个问题的认识更深刻的时候，他就会做某一件事情。潘石屹从大山沟里出来，他更愿意帮助家乡，有错吗？没错，如果每个人都把自己的家乡变好的话，这对整个社会是一个好事。你绝不能批评他自私。只要是公益，一块钱跟一百块钱是一个道理。

宋厚亮：除了公益的责任，是否还有其他的责任呢？中国仍在变革当中。

任志强：企业家本身就在承担责任，不承担责任他纳什么税？不承担责任他怎么能把企业的产品发展起来？

宋厚亮：这是基本的法律责任和经济责任。

任志强：你们不要给企业家加那么多压力。如果他能养这么多人，让这么多人同时随着企业一块富起来，这就是一件好事。没有企业家，这些人就失业了。我反对社会上的一种说法，好像企业家一定要承担多少社会责任。最基本的社会责任就是遵纪守法纳税，我没有违法你还给我加什么责任。

我是非常成功的企业家

宋厚亮：你既是企业家，又是微博上的意见领袖，两种角色是否会有矛盾的时候？

任志强：我不同意你的说法。什么叫意见领袖？有些人的意见是正确的，有些人的意见是错误的，微博是一个公共的平台，怎么叫领袖？我不认为我是领袖，你们也别给我戴这个帽子。

我只是说出自己的看法，每个人都有权利在微博上说出自己的看法。

宋厚亮：那我们可以把意见领袖换为公共知识分子，与企业家身份相比，你更钟情于哪一个身份？

任志强：我就是一个企业家，如果可以重新选择，我还是要做企业家。因为我没有做公共知识分子的才能，我们这一代人，在最需要教育的时候没有教育。所以我们的学识都不是系统的，我们是以实践为主，没有接触过传统的教育，初中都没毕业。尽管以后还可以去读研究生或者其他的，但不是一个完整的受教育过程。这当然是个遗憾，它是时代造成的，不是我们个人造成的。

我更愿意做企业家，我觉得中国最大的问题是让大家从穷变富。邓小平的改革让大家从穷变富，公共知识分子没有任何作用。企业家一样可以成为被大家认为的公共知识分子，因为你可以把在企业中所获得的收获、知识和经验告诉大家。我们现在是用企业家的看法去看待社会存在的问题，知识分子可能是从理论的角度阐释问题。

宋厚亮：或许民营企业家的身份更适合你。

任志强：当然是民营企业更好一些。我已经说过多少次了，做国有企业是因为我母亲一定要让我做国有企业。

宋厚亮：你为什么不主动改变呢？在母亲面前没了主见？

任志强：不是主见问题，我觉得尽孝也是主见，是吧，如果你让一个家庭都不团结的话，你能说你有社会责任吗？它违反的可能是我自己个人的想法，但是不等于我不能把国有企业变得和民营企业一样好，只能说在国有企业里头，可能我的个人收入少。为了尽孝，我宁愿减少我的个人收入。我不认为他们的要求有什么错误，他们的要求没什么错误。

宋厚亮：为什么不向母亲争取改变？

任志强：不需要争取。其他的问题可以去争取，在这个问题上不需要。目标很明确，为人民服务，有什么可争论的呢？把更多的精力用于做公益事业，有什么不对呢？我认为国有企业本身就是一个公益事业。

宋厚亮：“国有企业本身就是一个公益事业”，这个观点是否会引起误解？

任志强：我们有三大类国有企业，第一类国有企业是改革前的国有企业，大部分濒临破产或大量已经破产，这部分恰恰最需要有一个好的管理者把它们带出泥坑，创造的是社会价值最大化，因为这些企业通常背着几万或者几十万的退休工人；第二类是柳传志，我们这些改革开放之后新成立的国有企业，一没钱，二没粮草，三没有计划，四没有特供，什么都没有，我们当时叫作计划外全民所有制，就是这么发展起来的，完全靠市场闯出来的国有企业，挂了个牌子叫国有企业；第三类就是大家很痛恨的中石油、中石化，这些都是带有垄断性质的国有企业。

现在社会上的人恨不得把这三类国有企业都放到一块儿分析，说国有企业怎么怎么的。其实这三种国有企业完全不同。

宋厚亮：既然华远是挂了块牌子的国有企业，后来为什么没有将其私有化？

任志强：今天你要让我说，我还得把它变成国有企业。只要上级不批准把它私有化，我就不能把它私有化。我们可以把下属的企业都私有化，没有挂全民所有制牌子的都可以私有化，但是只要挂了，借用了这个牌子，获得了银行贷款等各项支持或者政策优惠，你就不能干这事，不管它有没有国有资产。

我是共产党员，我要坚决执行这些东西，我们不像一般人所想的，以个人利益为主或怎么样。你搞错了。再有冲突也得执行法律，有本事你就去修改法律，法律没修改之前，就得按法律走。市场经济的原则是不变的，我们可以把国有企业民营化管理。在我们的管理中，很多是民营化管理，比如说我们的激励机制、内部约束机制等，都是民营化，都可以做得到。

宋厚亮：国有企业改革，最终的形态应是怎样的？

任志强：国有的，最后不应该是企业，应该是事业。可以企业化管理，但你不能管它叫企业，不能用利润做指标。

宋厚亮：这个观点和你的国有企业领导人的身份有些矛盾，你做了哪些推动？

任志强：在改革的过程中我们就是急先锋。但是我们不能突破法律的界限，只能是逐步地去拱，一步一步推动改革。比如说我们是中国第一家中外合资的股份制公司，本来没有这个法律，但我们突破了，我们是合理合法地去拱了。所有的合资法上都写有投资总额合作年限，我们当时就突破这两点。所以我们双方打了很长时间的官司，最后一步步突破了，这种突破法律都是可以做的。而且我们是第一家通过境外上市的公司。

我们是国有企业体制，但是民营化经营。所以我们在不断地突破法律的界限，但是突不破的也不能去违法，这是两个概念。能突破叫改革，突不破就是没有改革到位。

宋厚亮：宁高宁说你并不是一个好的商人，你觉得自己是一个成功的企业家吗？

任志强：什么叫成功？我觉得我是非常成功的企业家，因为我们推动了中国的制度改革。企业家的成功，不在于你赚了多少钱，把企业做得多大，而在于你能对中国的改革发挥多大作用，让更多的企业能享受这套改革成果，这是最大的成功。

05

曹德旺

曹德旺，1946年出生，福建福清人，福耀玻璃集团创始人、董事长，发起成立河仁慈善基金会，并捐赠价值30多亿元的股票。

对话曹德旺：企业家若真正有思想，应该把财富捐出来

（采访时间：2015年1月18日）

企业家与宗教：佛教对我的企业家精神的形成有直接的关系

曹德旺

宋厚亮： 你是虔诚的佛教信徒，你最近出版的自传命名为《心若菩提》。具体来说，在做企业的过程中，佛教思想对你产生了哪些影响？或者说，为你的企业家身份提供了哪些思想资源？

曹德旺： 佛教是外来教，汉朝就已经传到中国。它之所以能够为中国人所接受，是因为它的思想跟老子的思想非常吻合。所谓“大乘佛教”，

已经融入中国很多的哲学文化。老子提到了很多值得我们每个人去回味的思想，比如他提到：道可道，非常道；名可名，非常名。他教给我们每个中国人，任何事情都有一个规律，不是偶然可以创造的。我们看到的很多东西都是假象，真正的东西你没有看到。按照老子的观念，天下的事情没有绝对的对和错。西方的哲学，不是错，就是对。老子认为不是，还有中间，天地之间还有人，这是三者。任何错误的东西，错不尽错，对不尽对。

我们的祖先是通过言传身教，把非常简单的道理融进中国人的血液里。因此中国的企业家、当官的人，不管读不读书，在传统文化方面都可以讲出一些东西来。南怀瑾说，中国儒教的教义，70%来自道教，说明它已经镶嵌进很多东西在里面了。佛教进入中国以后，跟中国的文化融为一体，在民间传播。中国传统文化被损害的时间不长。解放前，农村的治理是以乡绅为主，包括告老还乡的官员、做生意成功的商人。因为他们是有文化的。

我喜欢建寺庙，接触了和尚和尼姑，跟他们交谈，我觉得他们讲的东西都非常到位。跟他们交往，我学会了很多。

宋厚亮：这跟你的企业家精神的形成有没有直接的关系？

曹德旺：当然有直接的关系。我小时候跟我爸一起做生意，他有空就讲这些道理给我听，虽然我爸也没有读过很多书。现在批判中国人没有信仰，我认为好像不够客观，因为中国人信仰的就是道家、佛家。儒家呢，你去看南怀瑾的《论语别裁》，里面提到，中国的文人认为信道教不好听，就说信儒家，实际上儒家思想的70%是来自道家。怎么解释道家跟儒家的区别呢？老子是道家的鼻祖，老子是思想家，孔子是教育家。孔子起到传道士的作用，他教的就是老子那一套。

宋厚亮：你曾说过，如果只能带走一样东西，你会选择自己珍藏多年的《金刚经》。据过往的媒体报道，《金刚经》也是你办公室的案头读物。可见《金刚经》在你心中的分量。具体而言，在你的企业家之路上，它对你的影响是什么？

曹德旺：它告诉我们的，就是做人的道理。它一开始就教你，“如是我闻，一时佛在舍卫国，祇树给孤独园”“尔时世尊，食时著衣持钵，入舍卫大城乞食”，你从中悟到了什么呢？和尚去化缘，应该说富人的家里饭肯定好吃，穷人家里的饭，不够吃，而且不好吃。那他应该到富人家里去啊，他不是这样的，因为他的任务是布道，要把均等的机会送到家家户户。这件事情，到底是和尚求人给他施粥，还是百姓在施舍的时候感谢和尚给他一个机会？这里是分不清的。因此你做慈善或者帮别人的时候，你要积功德，如果没有别人的需要，可能你也积不成。做人呢，他们解释得非常到位。

宋厚亮：你长时间修佛，很多企业家的观察、研究人士把你称为“佛商”，你怎么看？

曹德旺：我认为他们讲错了。佛没有商。怎么解释“佛”？大彻大悟，悟透了就成佛了。“商”还带有一定的功利性。应该科学地讲，我是生意人或者是企业家。生意、生意，是生活的意义，生存的意义。做生意的人自己要活下去，但是不能坑蒙拐骗，不能短斤少两，必须讲道德。这实际上就是西方现在提倡的企业家精神。

宋厚亮：在自传《心若菩提》中，你专门写了一节“守雌”。“知其雄，守其雌”出自道家的《道德经》。这一思想对你做企业有很大的影响吧？

曹德旺：对，它就是教导做人的道理。你不要张扬，整天做大哥。你整天做大哥的时候，肯定会让人家不接受。你要尊天下人为大哥，自己宁可守在弟弟的位置上。因为“雌”、“雄”这两个字，雌是小，雄是大。

宋厚亮：整体来讲，儒道释三家，哪一家对作为企业家的你影响比较大？

曹德旺：所有的著作对我都有影响。天下几十亿、几百亿册的书，都只为了证明“道”的存在。老子讲，“道可道，非常道”，它融化在空气里，看不到。不仅仅要去看《金刚经》，还要去读大量的书，并从中悟到道理。我读了很多书，见了很多事，但还只是皮毛。

宋厚亮：中国大陆和台湾的很多企业家都很推崇南怀瑾，他对你有影响吗？

曹德旺：对，有一定的影响。南怀瑾很有水平。

资本与良知：我到底是在创造财富还是在犯罪？

宋厚亮：儒家特别强调“良知”，王阳明提出“致良知”。但是，我们常常看到商业和良知背离的情况。你怎么看待良知与资本的关系？

曹德旺：良知是良心，对不对？我爸以前讲，草如果没有心呀，它不会发芽。做人，必须要有良心。真正的企业家，不搞坑蒙拐骗，他视自己的名誉如生命。现实中确实有一部分人，为了一夜暴富，可以牺牲自己的底线。但是，我也相信，也有人不是这样的。

宋厚亮：资本有时候会表现得比较冷血。

曹德旺：No！资本主义对这个事情看得更重。那些华尔街的大富豪，如果没有修养，也不会做到那个地步，应该相信这一点。

宋厚亮：2008年金融危机的时候，他们的一些问题表现了出来。

曹德旺：金融危机应该这样来讲，华尔街的人很聪明，也很有头脑，但是就是因为超前意识太浓，把许多没有通过认真实验可行的工具拿出来做，理论上好像行，但是做起来可能不行，出了这些事情。当然华尔街也出了几个败类，像麦道夫，诈骗。但这个是个例。

我正在写自传的后半部，就提到这个问题。我自己一直郁闷，有时候很伤感地在想一件事情：我到底是在创造财富还是在犯罪？因为人类自从工业革命之后，整个世界发生了翻天覆地的变化，人类所做的事情，只是说利用高科技来提高生产力，增加财富，过更好的日子，但是我们有没有考虑到，天下所有的东西，都需要用土地来换取，土地资源不会因为高科技而增加。我们所做的事情，就是把孙子的东西挖出来吃，那孙子吃什么呢？按照老子的说法，这是无法无天，是断子绝孙地在做这个事情。

如果这样想，我是在犯罪。这个事情会把人类灭绝掉的。

宋厚亮：你提到“是创造财富还是犯罪”的问题，这是你现在思考的一个重要事情吗？

曹德旺：我是企业家，推动新科技的发展，为社会创造财富，当然我是功臣。如果我想到我所做的事情，是把我孙子、孙子的孙子的东西挖出来吃了，以后他们饿死了，把人类毁灭了，这是不是在犯罪？

宋厚亮：在你下半部的自传里，有没有做出一些回答？

曹德旺：下半部自传，我写的是中国人。因为这本书出来以后，很多人跟我讲，缺了几个部分，对中国的评价，对美国的评价，走向国际这一段以及做人的准则问题。

宋厚亮：老子和道家强调“道法自然”，这一思想是否给你提出的问题提供了解答的视角？

曹德旺：如果按照中国道家的思想，那我就是罪人了。我们这些人所做的，都是把我们未来子孙的东西挖出来吃了，吃没有了以后，人类就灭了。这个思想，在我即将写出来的自传下半部中的“我对中国的认识”部分里。中国人受老子的思想影响，看问题没有西方人那么绝对。比如说，我作为现代企业家，我经常想我到底在干什么？这就有一些中国人的痕迹。

宋厚亮：这是一种文化的自觉。西方的企业家可能就不会去想这方面的事情。

曹德旺：他们就没有这方面的追求。因为按照我们道家的思想，是心怀慈悲，众生平等。众生平等，强调所有山川河流、溪湖海洋、树木花鸟，都是有生命的，应该受到人的尊重，和平共处，不能破坏，也不能在山底下挖个隧道或填海，或拦河，它认为这是有报应的。

商业与政府：反腐败，应该打击不良商人

宋厚亮：中国现在有一批企业家，开始以“儒商”的标准来要求自己。你认为，这个在未来会不会成为一个潮流？

曹德旺：我没有发现他们这么做。我那边有一个做绿化的，开了一个公司，他的公司本身就没有赚到什么钱，他却一定要搞一个什么书院，宣传儒家文化。我跟他讲，你先把自己公司搞好，能够自食其力，不要拖累社会。他说会会会，结果做了两年，连公司都倒掉了。

宋厚亮：不是一个负责任的企业家。

曹德旺：因为你把企业做好，也是在帮助社会。

宋厚亮：其实，历来大商人都是民间文化繁荣、社会改良的重要推动力量。中国目前正处于一个新的转型阶段，在你看来，在这个阶段，企业

家是不是可以扮演一些积极的角色?

曹德旺: 任何积极角色的前提条件,是学会尊重主流。任何行为,不符合主流的倡导,都是错的。中国古代文化提倡“在其位,谋其政”。有一次柳传志讲我们应该尊重政府,我认为他讲得没有错,在商言商,你在这个位置上,把你的事情做好。现在政治腐败,就是商人没有管好自己,贪得无厌,贪婪地勾结官员。如果商人不耍这个手段,官员也没有地方去贪,老百姓的生活也不会因为政治腐败受损害,是不是?

宋厚亮: 在你的自传《心若菩提》里,你也非常坦诚地谈到了你与政府之间的关系。但是对于许多企业家来说,可能还是像胡雪岩一样,这是他们的宿命?

曹德旺: No,敬神如神在,你不承认它,它就不存在。我承认你是官,我不会轻易开口。我在福建,大家对我很尊重,包括官场对我也很认同。很多小官会来求我帮他说情,帮他提拔,帮他做什么事情,我从来不开口,我说你找错人了,我不会帮你。因为我知道我的身份,我开了口,人家很为难。因为他有他的规矩,我怎么知道他可以提拔呢?明白吧?我为什么打高尔夫球喜欢一个人打呢?官比我大的,很多人想跟他打,我把机会留给你,你去吧。位置比我低的,就想给我提包什么的,那就免了,我不要,因为我也不会帮你做什么。人情就是债,我接受你这些贿赂了,我用什么还给你呢?对不对?因此,我一不巴结上面,我也不让下面人来巴结我。

宋厚亮: 但是,这里面往往也有被动的成分,因为制度环境并不是特别完善。

曹德旺: 当然,也会有这样的个案。但是,更多的是自己贪婪。我认为,反腐败,应该打击那些不良商人。他们弄乱了国家的秩序,破坏了整个中国的国家治理，把企业家的文化也破坏掉了。要我讲，必须狠狠地修理这些人。但是，我相信，这些人也不会有好日子过，对他们进行打击，是时间问题。

宋厚亮：写《心若菩提》这本书，你说要告诉世界，中国是有企业家的。如此说，在你看来，企业家其实并不多？

曹德旺：我不认为有很多。作为企业家，我很自豪。为什么呢？我一生追求以社会发展为己任，并付诸执行，将自己合法所得与社会共享。毛泽东说，做一件好事比较容易，做一辈子好事比较难。我一辈子大原则上没有犯过规，一直努力做好事。我一不巴结上面的人，二不让下面的人来巴结我。我坚决不这样。

当然，我选的行业和其他人不一样。我刚开始做汽车玻璃，中国没人做。我在福建做，卖给全国，很容易赚钱，创业初期花十块钱可以卖一百块。因此，我原始积累非常干净。再加上，我刚开始创业没多久就碰到过麻烦，一些小官因为我不买他们的账就修理我，后来这些事摆平了，我知道作为企业家应做到，一不犯上，二不媚上。遵纪守法，遵章纳税，坚持谋求发展、兼善天下的原则。

宋厚亮：这二三十年坚持下来会不会挺难？

曹德旺：不难，我觉得挺好玩的。

宋厚亮：具体来讲，你认为“企业家精神”的内涵是什么？

曹德旺：企业家是一种境界，是一种行为准则。

企业家首先要具备勇气，挑战未来，挑战极限，他必须是从无到有的创业者。第二，诚信经营，业绩良好，可持续发展。还有就是要能够承担企业家的社会责任。企业家的社会责任是什么呢？保质保量，童叟无欺，绝对不能弄虚作假。这是一个道德底线。就好像篮球场上的比赛，要有一个比赛规则。第三，经营业绩良好并可持续。

企业的经营管理离不开道德。什么是企业家？是有道德的、懂得尊重人的生意人。什么人都可以做到，关键是具备阴德、功德、道德。

财富与慈善：不做慈善避免两极分化，财富也保不住

宋厚亮：在《心若菩提》中，你提到，30年前你创业时，中美相差一百年。现在呢？

曹德旺：现在还是，中国跟美国一百年的差距还没有改变。

宋厚亮：中美慈善的差距也是一百年吗？

曹德旺：慈善的差距，也是一百年。一百年前的美国，慈善家捐款，也受到政府的质疑，跟中国现在的现象一模一样。后来他们赚到钱了，发了战争财，才开始立法。美国不仅仅是立法，立法完了以后，还有司法和执法，这些系统都建立起来了。今天美国慈善事业才上了规模。

宋厚亮：中国现在也在做慈善立法。你有没有一些建议？

曹德旺：他们来征求我的意见，我说现在谈免税还太早，而且弄虚作假太厉害了。中国人怎么做呢？捐物资。美国捐物资不计价，旧货，旧物资，有社区服务机构，你洗干净、烫好、包好，捐进来，不算捐钱的。社区帮你送给有需要的人。中国做慈善怎么做呢？这本书定价是40几块，打折是35块，还有书卖不出去的，印刷成本只有四块。有人去买那个四块的书，12块转卖给你，你拿去捐给他人，按50块计价，开发票按50块，你拿回去抵税，50块抵税的价超过买书的钱。书、医疗器械，都这样干。这个在美国被查到之后，要抓进去的，倾家荡产。

宋厚亮：在《心若菩提》中，我们看到你在慈善方面着墨不多。对于

你创立的河仁基金会的未来发展，现在有没有一个战略性的思考？

曹德旺：河仁基金会刚刚成立不久，它要真正成为社会先进的话，还需要做很多工作。我成立这个基金会的初衷，是想带头让中国有些人，拿一部分钱出来分给穷人。钱这个东西呢，多了也没用。初衷只是想改变社会的一种文化、一种追求，不是说一定要做什么。后来慢慢地跟国际有了更多接触之后，也开始做一些前沿东西的研究，还有帮助国家研究一些政策性的东西。我资助了欧美同学会调研中国企业走出去，还有中美税收法规的比较分析，做湿地保护，跟国际著名慈善机构合作，也帮助学校转型升级等。我认为，在这些方面，以后还要多花一些精力。

宋厚亮：在你股捐之后，中国的商界、慈善界受到了很大的触动。越来越多的企业家开始思考如何股捐，例如陈峰掌舵下的海航以及王健林、马云等。巨捐时代正在到来。对于这股潮流，你有怎样的观察？

曹德旺：我没有注意到，最近也没有关心这个事情。怎么做这个事情，还是他们自己决定的。

钱要那么多干嘛？我跟你讲，钱真正是身外之物。钱是什么？海上来了些鱼群，被你捕到了，一网打上来，好几万斤，你吃两条、三条，全家吃它四条、八条，够了。剩下拿去腌，拿去冰冻，拿去晒干，晚上刮台风，海啸把它淹了，也没用，对不对？

因此，这些企业家真正有思想的话，应该把财富拿出来。现在两极分化这么大，如果社会因为两极分化引发更大的糟糕的事情的话，你做生意，做个屁，你要滚蛋。到时候你也保不住你的钱。

宋厚亮：有保不住的危险？

曹德旺：当然！历史上那么多故事，你还看不透吗？留给孩子和后代的是智慧，是环境，而不是金钱。这个环境也包括你家族的信誉度和美誉度。

宋厚亮：你的福建同乡，陈嘉庚先生，到现在都还被人颂记，因为他捐建了厦门大学等。去年邵逸夫先生去世后，也是被中国人广泛地纪念，因为“逸夫楼”到处可见。你有没有思考，在未来，你期待让后人记住你什么？

曹德旺：这是一个很奢侈的想法，我都没有想过。我首先希望的就是，我的行为不要影响到社会发展，不要成为负面。我能够做的，我尽量去做。至于后人想不想我，要根据身后社会文化的变革发展来看。我也没有希望他们要记住我。我的信仰是，你念我，我在，你不念我，我也在。我就在这里。关键是要做到益国、益民。

宋厚亮：你会记住的企业家、慈善家有哪些？

曹德旺：美国的乔布斯，他算是真正的企业家。他呢，主要是创新，在技术上开发钻研，不是在制造一个什么东西来自己捞钱。

台湾的王永庆，他企业办得很好，也捐了很多钱，实实在在为台湾做了很多事。陈嘉庚，他很伟大，不仅仅是捐赠，在国难的时候，抗日战争的时候，他在南洋募捐。企业家的抱负，应该有社会、有国家、有人民，心中必须要有这些。

经济与创新：中国人聪明有余，智慧不足

宋厚亮：真正的企业家对宏观经济的变动应该非常敏感。2014年经济下行得很明显，你对中国现阶段的经济形势有哪些判断？

曹德旺：经济下行，我认为是一个定局。我们国家的管理层提出来新常态调整，这是正确的，是有智慧的，中国所有企业家都应该支持这个

观点。

我曾经跟国外一个大银行的董事长交流。他问我，这次中国的GDP下降到7.4%，2015年可能会是7%以下，怎么看？我跟他讲，GDP太高了，应该再下来。他说，为什么？我跟他讲，我问你，在什么情况下，一个国家的GDP可以保持在两位数的增长？除了像朝鲜，金正恩如果搞开放，因为他什么都没有，基数小，就可以做到。第二句话，我讲，你是美国来的，美国是全世界的经济引擎，非常发达，我羡慕得流口水，但是，你们过去十年平均GDP是多少？我相信增长没有超过2%。这说明什么？说明发达与健康。中国改革开放三十多年了，还在高位增长，说明什么？不健康，需要治疗，需要调整，需要吃药。我们GDP的50%都靠固定资产投资，伤害了实业和农业，必须停下来，保持我们应有的实力。

宋厚亮：从不健康回到健康。

曹德旺：对。中国是中国人的中国，不管发生什么情况，真正的中国人应该站出来，积极面对，勇敢接受，这就是我的观点。

宋厚亮：现在互联网思维非常火，对很多传统产业产生了冲击，你怎么看待这种现象？

曹德旺：有什么冲击呢？互联网是工具，是用来服务产业的，制造业跟农业，产业没有发展，那么多服务，服务谁呀？服务你自己吗？像中国人盖酒店，一年千余家两千多家五星级酒店开业，有几个人住？

这就是中国人，聪明有余，智慧不足。

宋厚亮：在发展企业方面，你现在投资美国的步伐在加快。出于哪些考虑？

曹德旺：现在投资美国是一个好时候，因为美国自己意识到必须恢复制造业。我现在跟美国人讲，你们印美元的纸都靠进口的，拼命印，印了花出去，向全世界买东西都很便宜，比本国生产的要低，本国的厂商看到这样，认为不要投资了，什么东西就靠进口都行，现在产业空心化了。如果跟一些国家断交，或者中国经济出问题，没有东西出来，他们就没有吃的了。

宋厚亮：所以，现在对中国企业家来讲是个去美国投资的好机会？

曹德旺：美国能源便宜，资源便宜，就是人工贵一点嘛。如果不是劳动密集型企业，可以去美国投资，是一个机会。它的政府也出台了很多优惠的政策，包括税收，不要优惠，就比中国低八个百分点。

06

黄怒波

黄怒波，笔名骆英，生于甘肃兰州，成长在宁夏银川，毕业于北京大学中文系，北京中坤投资集团董事长。

黄怒波：告别土豪

黄怒波

摄影师向坐在沙发上的中坤集团董事长黄怒波提出请求，把腿翘起来拍照。黄怒波犹豫了一阵子，不太情愿，他尝试着摆出几个更为平实的姿势，效果欠佳，这才按摄影师的要求翘起腿。当摄影师要求他抱着胳膊时，他也表示不习惯。

放在几年前，黄怒波绝不会如此。在一些照片和视频中，他把腿架在桌子上，一副悠然自得的模样。现在他对此解读为："内心当中，还是傲狂。"如今接受采访拍照，他更喜欢规规矩矩地坐着。

发生在这位年近六十的企业家身上的这种变化，颇耐人寻味。几年前曾与黄怒波一同登山的王石说，登山后的黄怒波气质发生了改变，更关心别人。如今的改变，则始于刚刚开启的"21世纪人类脸谱行动"。这个行动的时间将长达10年，黄怒波要考察全世界的世界文化遗产。第一站是德国，接下来是法国。

“咱们中国人走到哪儿都随便一架腿，在国际场合上太显眼了，当然不是好的习惯。西方人都很谦虚、谦和。走完德国后，我的内心发生了变化，变得沉静、谦和。我觉得行走的力量是不可低估的。”从德国回来一个多月，黄怒波在接受慈传媒《中国慈善家》采访时，表达了他的自我更新。

尽管是北京大学中文系的毕业生，黄怒波却毫不避讳地称自己是“土豪”，但他并不甘于做土豪。无论个人姿态，抑或个人兴趣，乃至参与公益事务，他都表现得特立独行，与诗歌、艺术、学术和文化连接得十分紧密。他在让自己变得“为富且仁，为富好礼”，这也是他给“儒商”下的定义。

他在向土豪告别。

学会内敛与谦和

2013年5月17日，黄怒波第三次登顶珠峰。在山上，他开始考虑接下来做什么。他准备向坚持了多年的登山告别，但他也知道，自己无法再回到北京老老实实地待着，不愿意回北京当土豪，他仍要寻找自己的自由。一个提

登珠峰

出许久的计划，此时再次变得清晰而坚决：他想走进世界各国，考察各国的世界文化遗产。

仅仅三个月之后，这个愿景变为现实。在德国，黄怒波与一位著名的出版社社长谈起自己的计划和筹备，让这位德国人感到不可思议。如果是德国人来做这件事，可能需要几年的时间去准备。“我说，这就是中国人，很简单。再有就是中国经济发展了，我们这样的人都变成土豪，有钱了。”黄怒波带着戏谑回答。

8月29日，黄怒波带着重达64斤的行李，和他的助理成员从北京启程，飞往法兰克福，再转机到汉堡。在空客A380的头等舱，黄怒波感慨：这是人类第一次以个人身份考察访问全世界的世界文化遗产项目，是由一个中国人、一个诗人、一个商人、一个登山的人来完成。

维斯大教堂

“对我来说，更多的是看，更多地希望把我的岁月花在行走上，花在观察上，而不是简单地生活，简单地活着，简单地花钱。我觉得，在看的过程当中，我可能会听到许多、体验到许多，对世界的看法就会改变。作为一个中国人，最终要走出那种广场情结，或者说暴力情结或是暴民情结、痞子情结，做一个全球的人。”黄怒波在第二天的日记中写道。

8月30日，黄怒波开始有目的地参观德国的34处文化遗产。每一天，他都感到兴奋，因为每一天都看到不同的遗产，有皇宫，有古堡，有教堂，有酒窖，有艺术区，有工业遗迹，有山地公园。他并不是简单地走马观花，更不是旅游。每参观考察一处遗产，他都会做足功课，他的助手们为他备足了相关的资料介绍，在极短的时间内，他快速吸收，形成自己的认知和判断。他坦言，这是有挑战性的事情，因为要了解的内容涉及宗教、哲学、历史、文化和艺术。

除了考察静态的遗产，他也与德国各阶层的人对话。“21世纪人类脸谱行动”，他要看的还是“脸谱”。

在德国的近一个月，他访问了100多人，包括政治家、文化学者、企业家、记者，也有女性性工作者、犯人、流浪者。他和这些陌生人聊天，探究不同的人的思想状况、生活状况，以及对未来的看法。在和这些人对话的时候，他都会用准备好的录像机完整地录下整个过程。“我看全世界的文化遗产，背后是看人，不是看那个村子。”黄怒波解释说。

每天，黄怒波都起得很早，6点半起床，用一个小时的时间健身，然后回到房间，对着一支录音笔，口述昨天的考察内容，以及他的思考，这需要一至一个半小时的时间。录音经过速记之后，整理成文章，成为“脸谱日记”。他为此新建了一个网站，专门放置这些日记。从8月29日出发，到9月23日离开，26天内，他完成了62篇日记，每篇日记的篇幅从几千字到万字不等。回到北京之后，黄怒波开始重新整理修改，最终要删减到30多万字，然后分别交由德国的一家出版社和人民文学出版社出版。

“我用的是口水体，换一个写作方式。你看很多人的游记，写得很严谨，像余秋雨老师，但那样的游记，我认为现在的人读它没意思了。我希望大家跟我一起走现场，看我愤怒了、不高兴了，或者开心了，都能感受得到，用我的眼睛替大家看，然后还有知识文化的对比。”

他得知东德和西德统一之后，彼此心里的隔阂仍旧很大，甚至是心里的对抗，60%的西德人不去东德，曾经属于东德的大城市德累斯顿，10%的选民是新纳粹，排挤外国人。黄怒波不仅仅是为了了解德国的现状，他更喜欢作文明的对比：“两个国家统一这么多年了，民族的分裂还这么大。你立刻回到中国的现场看，我们跟香港的关系，它回来了，但和内地的差距隔阂是越来越大了，不是缩小了。”

维滕贝格的马丁路德画像

对于希特勒和纳粹屠杀犹太人，黄怒波了解到，不光是希特勒，欧洲一直有排斥犹太人的传统，因为犹太人一直保持自己的犹太教，不纳入到基督教，被基督教视为异教徒；基督教认为耶稣是被犹太人出卖的；犹太人民族素质高，会经商，有钱，也因此成为掠夺对象。黄怒波再次就文明作出对比：“人类很狭隘。看我们国家，需要重新思考跟少数民族的关系，跟他们怎么相处。回看历史，民族之间的和谐相处，是重大问题，超越了文明的冲突。”

他的考察，引来德国人的兴趣。《法兰克福汇报》、德国之声、《斯图加特报》等媒体跟着黄怒波采访，有的会跟一整天，然后用整版报道。德国人看到了一个迥异于先前所见的中国人，他们说，黄怒波跟其他的中国的企业家不一样。黄怒波知道德国人所指的企业家：土豪。他出国，时常看到出去的土豪，表现得财大气粗，一派暴发户的做法，让他恶心。

黄怒波说，在德国，他学到这个民族的内敛、不张扬。以企业家做慈善为例，德国的一些古堡、教堂，都是企业家家族在捐赠维修，但他们并不会大肆宣扬，与他们交流时，黄怒波看到的是绅士做派、谦和。

“国内的企业家做慈善，觉得很光荣，很了不起，背后有一种炫耀——你看我是好人，不是土豪，不是暴发户，都是这个心态。这是不成熟的慈善心态。西方的企业家做慈善，没有那种心态，觉得那是我应该做的，慈善本身就是人生的一个部分，进入血液里面了。我们要学这个，把慈善做成企业经营本身的一个部分，而不是一个额外的善事，要学会跟社会分享，学会承担责任。”黄怒波反思，“在国际上走，对我来说，文化的熏陶特别多，这挺触动我，真的挺触动。”

做有情怀的诗人

在德国莱茵河谷，黄怒波的面前，是清澈的河水、翠绿的树林、古色的城堡、彩色的小城，如此世界文化遗产让他心醉。他拿出随身携带的诗集，忘我地大声朗读起来。此后，在乌茨堡宫廷花园、施佩耶尔大教堂、慕斯考公园等地，兴之所至，他都会朗读自己的诗集。

德国之行，最令他兴奋的是，他的诗集《螳螂说》由德国知名的出版社Olms出版，并且举办了一个发行仪式。《螳螂说》译自他的中文诗集《小兔子》，译者是德国作家、歌德学院前院长阿克曼。诗集印了1500册，黄怒波出了一小笔费用，占出版费用的三分之一。另外的费用则由出版社自己承担，因为他们认为这本诗集有市场。一些艺术家还希望将诗集改编成戏剧，在德国巡演。这让作为诗人的黄怒波有些喜出望外。10月中旬，著名的法兰克福书展开幕，黄怒波的诗集以第二顺位获得主办方推荐。

黄怒波是诗人，写新诗，笔名骆英。许多年前，在演讲时，他介绍自己是诗人，下面哄堂大笑。企业家兼诗人，多半会遭到嘲讽。在众人看来，这不过是一个老板的附庸风雅。他并不去解释什么，仍然坚持写他的诗。

他并非天天写诗，得有主题。他的创作高峰，是在登山时期。之前的几十年，他只有《骆英诗选》《都市流浪集》几本诗集。2005年登山之后，他接连出版了《小兔子》《第九夜》《7+2登山日记》《知青日记及后记》《绿度母》等多本诗集。这是他创作的高峰期。黄怒波解释，登山中每天都能看到崭新的风景，思维极为活跃、情绪化，回到了作为人的本真状态，就有了写诗的欲望和激情。他调侃，“回到北京，就很理智。天天当土豪，鸡飞狗跳的，没诗歌了。”

最近几年的诗歌创作，黄怒波更强调主题，没有主题不会写。他不像一些以诗歌为唯一身份的人，大清早起来搜肠刮肚地写诗。今年出版的《绿度母》，就是一部主题鲜明的诗集：在现代性困境中，个人都微不足道，人被消灭了，被巨大的东西压抑、解构。

写完这部诗作，他暂时停笔，等待两三年之后再写一首长诗，主题是现代性的归宿。他透露，这首长诗将写一个人类的化身，不断寻找最美的东西，找到后，最美的东西就会毁灭，意思是永远得不到想要的东西。不过，黄怒波仍在酝酿中，现在写不了，需要等到情绪的最后爆发，用半年或者一年的时间写完。

因为诗人的身份和情感，2006年年初，黄怒波向诗歌界捐赠3000万元。其中，1000万元捐赠北京大学中文系新诗研究所，1000万元捐赠中国诗歌学会，其余1000万元用于开展诗歌的交流及评奖等活动。这3000万元的使用期限是10年。这曾成为诗歌和文学界的一件大事，诗人都给予了极大关注，有的认可，有的期待，当然，有的并不认同。这并不是黄怒波第一次为诗歌捐赠，2004年，他捐赠100万元支持北京大学建立了诗歌中心；2005年，他捐出13万元，给著名老诗人林庚庆祝95岁诞辰。

1980年代被称作诗歌的年代，新诗被广泛阅读，一度承担了启蒙的责任。不过，1992年市场经济大潮一浪高过一浪后，诗歌迅速陨落，完全退出了人们的视野。黄怒波希望推动诗歌回归。

北京大学新诗研究所得到资助后，创办了《新诗评论》，用五年的时间完成了《中国新诗总系》的编纂与出版。2010年，在黄怒波的资助下，北京大学成立中国诗歌研究院，整合古诗、新诗和外国诗歌的研究。得此支撑，北京大学成为诗歌研究的重镇。“现在全国几百所大学都有诗歌中心，原来只有几十所大学有。我毫不谦虚地讲，这些都是我们基金在全国推动的结果。”黄怒波说。

黄怒波自己参与最多的是诗歌交流。由其资助和组织，中国诗人以民间的方式与美国、德国、法国、土耳其、日本等国的诗人群体展开对话交流。2012年，他组织了“中国诗歌朗诵季”，在北京、安徽桐城、云南普洱等多地举行，声势浩大。

2007年，“中坤国际诗歌奖”开始评奖，两年一届，评选中外诗人。

这个民间的奖项被视为诗歌界的“终身成就奖”。中国诗人中，北岛、牛汉、痖弦等著名诗人先后获奖。国外的获奖诗人，则有日本著名诗人谷川俊太郎等。

“每个获奖诗人才给10万元，已经是很高的奖金，很可怜，是吧？大老板们都买私人飞机，两三亿元一架，飞一次几百万元。我这3000万花得多值啊，做了一个国家的诗歌推广，让世界认识中国。3000万到现在都没花完，已有全世界的影响力。这就是土豪和有情怀的诗人的不一样。”说完，黄怒波哈哈大笑。

这一次的慈善，至今让黄怒波相当得意。即便从全世界看，为一国诗歌的发展捐赠如此大额，也属少见。无论是西方国家，还是日本，诗人听到黄怒波的捐赠后，均表示了吃惊，因为诗歌在全世界都处于低潮期。在黄怒波看来，3000万元所做的事情，间接或直接地推动了中国诗歌的复兴。

并不是所有人都认同黄怒波的捐赠，他也时常遭遇质疑。但他并不避讳，坦然面对：“全中国的诗人知道我，是因为我的资助。一提我，都说那家伙牛；也有人说，他有什么，就是有钱，诗这么烂，靠他的钱才有名。那也行，我就是有钱，怎么办？”

当被问及自己的诗作水平，他并不直接回应，“不能和谁的诗歌比，诗歌只能讲文本，你的文本是不是你自己的。”在黄怒波看来，大多数诗人没有文化，创作没有理论体系支持，不过是在模仿西方。“我的文本是我自己的，我有理论体系，现代性批判。所以为什么到国外，我的诗歌让他们吃惊，他们没想到中国人能有这样的语言。”黄怒波认为，“全世界也没有几个人有我这样的身份，是商人，知道资本的残酷性，在现代社会的最前沿。这个身份别人都没有，而大部分诗人又没有文化，被边缘化，其作品当然没人看了。”但他坦言，自己喜欢诗人于坚的诗作。

著名诗歌评论家、北京大学中文系教授谢冕遗憾地认为，作为诗人的骆英被作为企业家的黄怒波所误。因为黄怒波以企业家身份为人所熟知，大家在看黄怒波时，就会从心里抵触诗人骆英。

因为对中国诗歌学会的1000万元捐赠，2012年，中国诗歌学会理事会改选，黄怒波成为12位副会长中的一位。起初，在得到提名后，他并不想担任。但随后，诗人为了争夺会长、副会长等领导职务，互相攻击。黄怒波也遭到攻击，被指为“一届商人，三流诗人”。目睹了文人相争的无聊，甚至是“文革”的攻击手法，黄怒波更坚定了不参与的态度。主管人事的中国作协党组书记李冰，打电话给担任会长的雷抒雁，询问黄怒波的诗歌水平。雷抒雁说：“诗歌学会常务理事里面，像他这样的诗人没几个。”在多位诗人和领导的动员下，黄怒波才答应担任副会长。

“我是商人，没有大师欲望。”作为诗人，黄怒波显得很超脱，“很多诗人老想做大师，老瞄着诺贝尔文学奖，写作端着架子，以大师的作派琢磨字里行间，这样就会受约束。你想，你是学西方的，再玩玩得过西方吗？”

从土豪到儒商

黄怒波生在兰州，成长于银川。2岁时，父亲自杀，13岁时失去母亲。回忆幼年，他说自己生活在底层，过着猪狗不如的生活。“文革时，我是最穷的人，傻乎乎地给走资派当权派做保皇党。但是文革后期，走资派一个个回来了，最后他们的子女都是高官厚禄，一个没落下。我们这些人呢？当时被打死的被打死，后来被清算的被清算，最后成了无用的一代。”

然而，黄怒波以自己的奋斗，进入北京大学读书。毕业后，先后在中宣部、建设部工作。在读了俄国作家契诃夫的小说《小公务员之死》后，他被震撼，决定告别体制。于是，1995年下海，创办中坤集团。尽管在北京大学遭到过干部子弟的不屑眼光，但对于改变自己一生的母校，他一直有着浓郁的情结。

北京大学教育基金会秘书长邓娅介绍，1998年北京大学100周年校庆，刚刚创业不过三年的黄怒波为母校捐赠了20万元。10年之后的北京大学110周年校庆，黄怒波宣布为母校捐赠价值1亿元的商业地产——北京大钟寺中坤广场。这是1949年之后北京大学接受的第一笔地产捐赠，也是北大校友最大的一笔捐赠。不过，此后的落实过程并不顺利。地产捐赠没有税收减免，仍要按照现房交易缴税，而且双方都要缴纳。为此，中坤和北大共缴纳了数千万元的税。

2011年，黄怒波再次和北大教育基金会签订捐赠协议，为其捐赠价值9亿元的大钟寺中坤广场地产。黄怒波透露，这一捐赠至今仍在操作中，因为中坤需要缴纳多达四五亿元的税，还必须是现金。他有些愤怒地表示：“这是我们国家慈善的大问题，是对中国慈善事业极大的限制。”

除了这几笔引人关注的大额捐赠，邓娅说，黄怒波一直不停地在为北大捐款。2011年，他为北大捐赠500万元，用于“北京大学－西藏大学对口支援基金”。在公开演讲时，黄怒波表示，未来要把自己一半的财产捐给北京大学，做北京大学捐赠最多的人。事实上，黄怒波并不是最有钱的主儿，最近几年，在福布斯富豪榜和胡润百富榜上，他的排名都在100名之外。

近几年，在为北京大学、中欧国际工商学院捐赠的同时，他也深度参与了环保组织。他是野生救援（WILDAID）中国基金会主席，大自然保护协会（TNC）中国理事会理事，并与牛根生等企业家发起成立四川大自然保护基金会。

除了作为慈善家的慷慨与用心，黄怒波有着更高的自我要求。

10月21日，北京大学高等人文研究院院长、新儒家代表杜维明组织了一场论坛，主题是“儒·商对话——全球化时代的人文精神与商业伦理”。在这场小规模的论坛上，参与者包括中国、德国的学者和企业家。作为当天最知名的企业家，黄怒波作了题为“儒商的来路与归路——从此岸到彼岸”的演讲。

他从尼采的“上帝死了”的现代性困境出发，追溯熊彼特以新教伦理建构的资本主义精神，从而为儒商找到在21世纪的独特价值，摆脱“半人半兽”的角色。演讲的最后，他引述了尼采给勃兰兑斯的一封信中的话：“您在‘现代性’观念问题上所做的工作，使我得到了最乐于接受的恩惠。因为，说来也巧，今年冬天，我恰恰也正盘旋于这一最主要的价值问题之上。我像鸟一样飞翔于高高的天际，盼望着能以尽可能非现代性的眼睛考察现代世界的一切。”由此，黄怒波认识到“非现代性的眼睛”是走出现代性困境的出路，而儒学恰恰符合非现代性。

这篇演讲涉及中西方哲学、困境与出路。论坛现场，听到作为企业家的黄怒波的纵论，二三十位嘉宾颇感意外，惊诧于他的学识与思考。其实，这是黄怒波第一次公开谈论儒商。“中国处在一个土豪的阶段。我有时候也说自己是个土豪，因为我们还未被现在的企业伦理驯化。但我认为，要走出现代企业伦理的诸多困境，仅有土豪是不够的，因为土豪本身就是这种困境的一部分。”黄怒波明确地认为，走出土豪的困境，就是儒商。

“儒商的标准相当严格，中国能出几个就不错了。企业家真的都在往儒商的方向努力，都在思考研究，都在升华。”为此，他已开始提倡儒商，并自我要求。

对话黄怒波：用一个好的社会制度让民间的财富平均化、公平化

（采访时间：2013年11月9日）

我们这代人有天下情怀

宋厚亮： 现在，越来越多的企业家以慈善为平台参与社会、推动社会事务，你怎么看企业家的推动力量？

黄怒波： 像中国的企业家做这么多慈善，但有意识地做慈善的国家真的不多。西方国家的慈善是靠制度，比如说，发展到一定的程度，企业捐赠反而让其利润更大化，因为过了这个度，税就可能是90%，所以必须捐。你要是不捐，你的税就很重。不客气地讲，西方的慈善是社会制度设计的结果，也是平衡社会财富的办法，西方社会是完整的社会。中国的苛捐杂税是搜刮老百姓财富的，中国社会从来不让民间富。所以现在刚富起来，问题都出来了。下一步要收遗产税，再收别的税，让你富不起来。中国什么时候民间富过？没有。所以还不如向西方学习，用一个好的社会制度让民间的财富平均化、公平化。

宋厚亮：这就限制了企业家的创新和对慈善的热情。

黄怒波：对。但是反过来说，中国的企业家，即使遇到这么多困难，还自觉地在做慈善，真的挺不容易。我们一方面为能不能活下去，天天在斗争；一方面不停地在捐钱、做慈善。中国这一代企业家的情怀真的很深，很多人说做慈善是赎罪，不对。我们这代人是从那个体制过来的，都受过苦，跟着国家受过难，所以现在会下意识地说，我富了，我得感恩，还给社会。普遍都是这样。

但到下一代企业家，就未必了。他们做慈善，当然也有社会责任的因素，但是没有情怀。

我们这代人有天下情怀，在中国企业历史上就是一个标杆，以后的人不会再有我们这代人的情怀，他们是商人，是熊彼特意义上的企业家。

你想想，我们多难啊，多少人惦记着我们的财富，多少人惦记着干掉我们。

你看“打黑”，一打就打掉多少人。现在知道打冤了，但是财产就算还回来又能怎样？一个企业已经完了，甚至被杀掉了。应该说，这个时代的企业家很了不起，他们很多人都有自己的慈善基金。

宋厚亮：你曾经提到，中国的企业家有“文革情结”和“文革基因”，为什么这么说？

黄怒波：我认为现在是后“文革”时代。现在社会的戾气都来自“文革”，我们都领教过，我也会用。

“文革”的一个特点就是没有法治，走极端，人人都不安全，人人都是敌人。所以整个社会没有秩序，不排队、不养老、人和人之间斗争。

中国这100多年是消灭中国传统文化的。从清末开始，民国开端也在消灭传统文化，“五四运动”彻底打倒儒家，抗战后到“文革”，都是在清理儒家。所以现在儒教的复兴有它的重要意义，但是如果不清算“文革”，这个槛就迈不过去。

只有整个社会从心灵上、从民族的罪恶史上清算，我们才能意识到过去真的有罪，对历史、对民族的文化有罪。那时我们才能重新出发，否则就做不到。

宋厚亮：近年，很多商业竞争都不再按商业规则进行，作为企业家，你的观察是什么？

黄怒波：如果西方的企业家这么做，企业早就倒闭了，因为有法的限制。但中国的企业家没有法的概念，想骂就骂，各有各的阴招，这代人就是这样。但这样传达给社会的，就是很坏的东西，年轻人看到这种痞子文化能够制胜，就会一代代遗传下去。

宋厚亮：就像胡雪岩的官商文化一样。

黄怒波：对。胡雪岩给我的印象太深了。1990年代，我刚经商，就如饥似渴地看有关胡雪岩的书，觉得他太了不起了，还能这么经商。其实那时候什么都不懂，只是迷恋权力。说到官商文化，有多少人能跳出来的？可到现在还都在这么走。

左宗棠倒了，胡雪岩就倒了；李鸿章倒了，盛宣怀就倒了。现在的情况跟当时完全相同，一个高官倒掉，多少企业家跟着倒掉。现在已经有多少首富被抓起来了。

宋厚亮：你认为中国企业家正在经历“由富到贵”的成长过程，但是“文革”情结的存在，如果不去除，他们能实现由富到贵的转型吗？

黄怒波：如果这个关迈不过去，他们就转型不了。所以得有意识地清理，这不光是道歉的问题。

宋厚亮：这种清理更多的是个人行为还是国家行为？最近有些个人公

开反思自己的“文革”罪恶，例如陈毅之子陈小鲁。

黄怒波：应该是国家行为。我出过一本诗集，是写“文革”记忆的，那是血的记忆。最近很多人都在反省，陈小鲁讲得更多一点，但我认为他的意义就是忏悔道歉，因为他是直接作恶者。清理并不是否定自身，因为只有更自信了，才会忏悔。

如果不清算民族罪恶的部分，这个民族就是不干净的。

宋厚亮：二战后的德国分裂，然后统一。香港已回归中国，台湾和大陆的统一也应是必然的事情。从德国的分裂与统一来看，中德有哪些相似点？

黄怒波：东西德统一以后，彼此心里的隔阂很大，现在60%的西德人不去东德，没去过。为什么？因为心里的对抗。新纳粹主要在东德，在德雷斯顿这样的地方，10%的选民都是新纳粹，排挤外国人。所以东西德两个国家即使统一这么多年了，民族的分裂仍这么大。再回到中国，看看我们跟香港的关系，同样是差距和隔阂越来越大，而不是缩小了。

宋厚亮：犹太人曾经遭到德国人的排斥，直到纳粹的屠杀。你怎么看那一段历史？

黄怒波：不光是希特勒，欧洲也一直排挤犹太人，这是传统。为什么排斥犹太人？从宗教开始，犹太人一直保持着自己的犹太教，不想被纳入基督教，这种思想根深蒂固。因此犹太人被基督教看作异教徒。另外，基督教认为耶稣是被犹太人出卖的。当然，最关键的原因还是犹太人勇于接受排挤，在哪个地方受到排挤，他们就自建社区、集中生活，对教育等方面的要求都高，所以它的民族素质就高，区别于国家内的其他民族。犹太人会经商，在哪个地方都是最有钱的群体，成为了历代欧洲国家的掠夺对象。比如英国驱逐了犹太人三四次，国家鼎盛的时候，他们把犹太人赶走，资产没收；国家衰弱的时候，又把犹太人请回来。希特勒排斥犹太人，则符合德国民众的需求，所以他的当选率很高。人类是很狭隘的，对其他民族就会排斥。反过来看我们国家，我们要重新思考跟少数民族的关系、跟少数民族怎么相处。可能我们都认为他们落后，但他们也认为我们大汉民族落后。回看历史，民族之间的和谐相处，是重大的问题，超越了文明的冲突。

新教伦理已经走到头，出路在儒家

宋厚亮：杜维明先生认为目前中国没有儒商，据你看，儒商的出现将是大势所趋吗?

黄怒波：希望是。希望中国能提倡儒商理论，但一定要研究儒商是什么，千万别把胡雪岩当成儒商。我们都在往儒商的方向努力，这也是走向儒商的必经过程，应该提倡。我认为，新教伦理已经不能涵盖现在的资本主义世界了。金融危机证明资本主义制度不是完美无缺的，存在很大的缺陷，它不能抑制人的贪婪，反而导致人越来越贪婪，这就产生了总体性的危机。过去没有恐怖主义，现在遍地都是，极右翼都在起来，生态危机也无法避免。人类越是发展就越是在消灭自己，这是一个现代性的困境。中国的市场经济也是跟西方学来的，那么，人类该往哪里走？走不出来。我们从哪里寻找出路？我觉得应该回到儒家的伦理，重新理解仁义礼智信。西方的新教伦理已经走到头了，这个体系不能支撑下去了，一定会在东方找到出路。

宋厚亮：这也就是尼采所说的“以非现代性的眼睛考察现代世界的一切”。

黄怒波：尼采一直讲超人，到了熊彼特那里就是指企业家，资本主义的精华就是企业家。熊彼特的破坏性创新是从尼采的毁灭性创新发展过来的。中国是市场经济国家，现在这一代企业家都是熊彼特式的企业家，但是在动物性一面和人性的一面，要回到儒家的伦理上来。这应是东方给人类提供的精神范本。

儒商不一定非得是中国人，也可以是外国人。只要有天下情怀，就是儒商。我们不光要理性，还要回到感性上来。所以对于启蒙，第一不能简单否认，第二不能不清理。现在很多人，像秦晓就说启蒙万岁，这是很幼稚的。在中国怎么启蒙，后果可能就是强权。所以要回到道德上来，儒家的东西可不是强迫的，它不是法治，是伦理，是解决精神问题的。把市场经济的制度和儒家的伦理道德结合起来，这可能是人类的出路。所以我提倡儒商。

宋厚亮：这是否意味着西方商业伦理已经走不通了？

黄怒波：西方的企业伦理是不行的。举个例子，现在，我们读商学院的案例都倒掉了，哈佛商学院的案例基本都不能用了，因为那些大企业都倒闭了，作恶的也都是他们，这说明他们失败了。我们可是学着他们成长的，学的就是他们的案例。现在，老师都死了，我们怎么办？说明他们奉行的价值观出了问题，就要回到我们自己的价值观。

宋厚亮：在中国历史上，你认可的儒商有哪些？

黄怒波：我的结论是，除了子贡没有儒商。商人的前提是，必须有市场经济，商人是自由的。春秋战国时期，由于处于战乱，尚未形成统一的制度，那时的商人是自由的，商业靠市场。所以子贡是真正的儒商，但后来的商人就都不是了，都是官商勾结。

从秦朝到清朝，比如盐的经营都是国家规定的，所以那时没有市场经济，也就谈不上商人，更谈不上儒商。像胡雪岩、盛宣怀等人，都是官商勾结，都有几品顶戴。真正的儒商出现，只有现在，因为现在是市场经济，在这个背景下才有可能出现真正的儒商。儒商不可能出现在体制里。

宋厚亮：据你了解，从“土豪”向儒商转变的多吗？

黄怒波：企业家当中也有很多人在回归文化。我为什么要提倡儒商？我希望我们这一代企业家能够回到商业伦理上来，探讨当下中国企业家下一步的责任，而不光是挣钱。我们是从旧体制出来的，又是改革开放的直接受益者，我们不能简单地说股东利益第一，照我说，应该是社会利益第一。我们这么过来的企业家群体，都应该变成儒商。

现在社会的英雄就是企业家，这也是为什么企业家地位高的原因。儒商应该是这个时代最优秀的文化代表。虽然绝大部分企业家成不了儒商，但是企业家真的都在往儒商的方向努力，都在思考研究儒商，都在升华。

宋厚亮：接下来，儒商的出现，会有多大的规模？

黄怒波：儒商的标准是相当严格的，中国能出几个就不错了。

07

牛根生

牛根生，1958年出生，蒙牛乳业集团创始人，老牛基金会创始人，捐出持有的所有蒙牛集团股份。

牛根生再创业

牛根生家的大门上，贴着这样一副楹联：“传家有道惟存厚，处世无奇但率真。”横批：家系国运。金黄色的字体，在太阳下闪闪发光。楹联是牛根生从杭州胡雪岩故居看到的，见之喜爱，引用至家中。横批，则是他自己拟写的。

牛根生

像胡雪岩一样，牛根生在极短时间内缔造了一个商业帝国，并为自己赢得巨大财富。如日中天之际，胡雪岩荒淫奢靡，其家财并没有传承下去，有生之年帝国即已崩塌。而牛根生在事业正盛之时，成立老牛基金会，并捐出个人和家庭持有的所有蒙牛股份，总市值高达40多亿元，主动完成从企业家到慈善家的华丽转身，探索一条崭新的“传家之道”。

“因为蒙牛的崛起，让我获得了很多光环，这可以说是‘拿得起’；适时地淡出蒙牛，让出这个舞台，可以说是‘放得下’；将个人资产悉数捐出，投身公益，可以说是‘想得开’。我想用这种方式来诠释对儒释道精神的理解。”2013年8月中旬，在位于呼和浩特市的家中，牛根生说。

这一转变，不仅超越商界前辈，更超越同时代的所有企业家，原本可以更加从容和有影响力，却因2008年的“三聚氰胺事件”而被掩盖。突袭而至的三聚氰胺事件，主角原本是三鹿奶粉，此后转移至牛根生身上，持续不断的质疑和争议，延续至今，尽管他已彻底退出商界。

2008年之后，他不再接受任何媒体的采访，不再表达自己的心路历程，即便是慈善，他也坚持只做不说。“我希望先做10年、20年，再来说。”不过，慈善界多位大佬级人物在考察老牛基金会之后，建议牛根生接受采访，其原因是他对中国慈善事业的开创和引领价值。

年近六十的牛根生精力旺盛，他把所有的精力和时间都投入到老牛基金会的发展中，一如他10多年前开创蒙牛。专职做慈善后，牛根生的生活变得更轻松，有规律，开始锻炼身体。不过他的创业思维，做事的激情，远见和创新，仍表现在做慈善中，一以贯之。老牛基金会秘书长雷永胜说，牛根生有个理念——做生意需要年富力强，做公益也不能七老八十。牛根生自己也说，“趁着年富力强，也许能为推动慈善事业的发展做更多的事情。”他希望把老牛基金会办成千年老庙——中国的洛克菲勒基金会

（Rockefeller Foundation）；而他，则成为崭新慈善事业的开创者和引领者——中国的洛克菲勒（John Davison Rockefeller）。

老牛基金会项目地全景图

退出商界：功过任人评说

牛根生的第一次创业始于1999年，那年他41岁。在此之前，他长期任职伊利，在伊利副总裁的高位上坐了许多年。由于和伊利董事长郑俊怀矛盾激化，他被迫出走。之后，仅仅用了8年时间，牛根生将蒙牛打造为全球液态奶和中国乳业的双料冠军。他也收获荣誉无数。在此期间，他足够高调，电视台、论坛、活动等都可以见到他的身影，听到他的言论，他的话语被整理成语录四处传播。按照他的原计划，2008年，辞去在蒙牛的职务，退出商界，两只脚完全跨进慈善界。

这个传奇故事本来可以画上一个完美的句号，如果不是遭遇不测风云。命运好像跟他开了个玩笑，乳业三聚氰胺事件的突然爆发，打乱了原本从容的步伐，狠狠地击中了蒙牛和牛根生。大众心中的商业偶像迅速被拉下神坛。这导致由企业家向职业慈善家转型的关键一步不得不推迟。

2008年9月，三鹿奶粉含有严重超标的三聚氰胺真相大白于天下之后，该企业和管理层遭到法办。此后，22家乳制品企业的婴幼儿奶粉中检出含有三聚氰胺，其中包括蒙牛3个批次的产品。一时间，乳制品企业遭到包括政府在内的严厉指责。牛根生在企业内部发表了以“责任”为主题的讲话，声称尽管奶粉在蒙牛产品中所占份额不到1%，而蒙牛三聚氰胺含量是三鹿的千分之一，但仍要负起完全的责任，召回问题产品，赔偿患者。蒙牛对外发布同一主题的公开承诺。此后，在液态奶的三聚氰胺含量检查中，蒙牛、伊利和光明等大品牌再次上榜。

事件发生后，中国国家食品质量监督检验中心表示，三聚氰胺属于化工原料，是不允许添加到食品中的，但是未设定像农药残留那样的标准限制。直到10月8日，国家多个部委联合发布公告，方才制定三聚氰胺在乳制品中的临时管理值。

基金会中心网理事长徐永光从民间组织的角度分析此次事件时认为，在食品安全方面，除了政府监管之外，非常重要的方面是行业自律，行业自律的机制是行业协会，行业协会制定行规，行规一定是追求好的产品质量，让市场保持健康发展，而不是无序、恶性竞争，同时有利于企业互相监督。“这个行业有自律吗？没有。这个行业有两个协会，一个是农业部主管的中国奶业协会，一个是中国轻工业联合会主管的中国乳制品工业协会，两个协会会长都是副部级干部。也就是说，两个协会都是政府控制的，而不是自律联盟。因为有权力在里面，使好多东西都失去了规则，没有按市场规则来做。这个行业出乱子，协会有很大的责任。所以，三聚氰胺事故的第一责任人是政府，第二责任人也是政府，第三责任人才是企业。”

现任老牛基金会秘书长（法定代表人），当时为蒙牛高管团队成员之一、副总裁兼董事会秘书、中国蒙牛（上市公司）首席行政官的雷永胜并不避讳责任，他告诉我，蒙牛肯定负有责任，因为生产的乳品含有三聚氰胺。他同样也认为，在此之前，国家既没有检测标准和指标，也没有检测手段，而把责任完全推给企业显然是有问题的，因为乳企的生产归中国乳制品工业协会管，而奶源又归中国奶业协会管。“企业的责任是有的，但是责任是怎么造成的？问题不是孤立的。”

雷永胜还提起，最近，有人跟他提到网络上有一些新的分析报道，内容是三聚氰胺事件背后有洋奶粉利益集团的操纵，以及部分既得利益者的摇旗呐喊，导致在中国还没有乳制品三聚氰胺检测标准的情况下，将部分检测结果优于当年欧盟等国际标准的国产乳业品牌也一棒子打死，其中就包括蒙牛。在中国一百多个行业中，80%已经被外国人打死了，还剩下20%由中国人坚持着，谁坚持呢？比如说，PC主要是柳传志坚持的，B2B主要是马云坚持的，乳业主要是牛根生坚持的。因为牛根生既做过伊利又做过蒙牛，而且蒙牛的出口量占中国乳业出口总量的90%。所以外国人要想进中国，首先要把蒙牛和他收拾掉。如果不把他收拾掉，外国乳业想进中国太难了。现在，80%的乳业市场都被外企占领。

“我们当时的团队认为，这些报道尽管不完全是事实的全部，但至少比较接近真相，相对客观。我也相信，真相迟早会水落石出，也会还蒙牛以及中国乳业一个公道。在真相公之于众之前，再多的辩解都没有意义，当然所谓的‘认错’更无从谈起。”雷永胜说。

2009年，在经历了乳业的低谷之后，中粮入主蒙牛，获得控股权。牛根生辞去内蒙古蒙牛董事长职务，仅仅保留非执行董事一职。虽已离开蒙牛，作为创始人，牛根生仍对其保有感情。近期，在蒙牛收购雅士利时，他和中粮董事长宁高宁一并前往雅士利总部。“我作为蒙牛发展的参与者和见证者，对蒙牛的成长历程比较了解，只要蒙牛愿意，我愿意把我及父辈70多年的乳业经验贡献出来，为他们提供一些意见和建议。我愿意扮演

‘志愿者’的角色。”不过，在中粮收购蒙牛后，已经完成了人事的更新，牛根生曾经的部下已全部离开。而对于中粮收购蒙牛，有人认为蒙牛发生了财务危机，牛根生予以否认，他说，蒙牛当时的财务状况相当健康。

在当时，牛根生和蒙牛的人并没有出来解释，导致外界的各类信息疯狂传播。“由于大众对2008年的真实情况了解不够准确，导致彼此的信息不对称，所以没有办法和外界进行有效的交流和沟通。如果牛根生接受外界对真实情况的歪曲，与他良心不符；不接受，也不是他一个人可以扭转的。”雷永胜表示，“他也希望未来有合适的时间、合适的机会可以专门和大家聊一下这个话题。”

一位行业观察者曾表示，三聚氰胺事件，“伊利里没有像牛根生这样的‘神’，人们却把伊利在这场风波中的仇恨给淡化了。”不仅伊利，其他任何一家乳品企业，都没有牛根生这样的“神”，他们所应承担的责任，自然都被淡化了，而牛根生这尊“神”，则被放大。

辞职之后，蒙牛产品一旦出现问题，牛根生就会被“揪出”。而在2013年四川雅安地震之后，壹基金公益基金会受到广泛认可并从社会各界得到捐款时，网络名人王小山等看到牛根生亦是壹基金的理事后，声称抵制。对于持续不断的质疑甚至谩骂，牛根生表示都能够理解和包容，“因为他们是想让我更好，想让中国乳业更好。我想他们并不是针对我个人，因为我们没有个人恩怨，也没有任何工作关系、利益关系、亲戚关系。所以我更多的是通过这些‘关注’，对自己进行剖析、鼓励和提高。”

至于牛根生1999年创立的蒙牛对中国商业的功与过，雷永胜认为，最起码通过蒙牛的创立和发展，推动了中国乳业的发展，培养了一大批乳品企业的管理人才，同时也推动了国人喝牛奶的意识形成。至于功过是非，牛根生认为不好说，只能任人评说。

捐出股份：欧美模式中国玩法

困厄牛根生的除了三聚氰胺，还有沸沸扬扬的“万言书”，以及他的眼泪。2008年11月，三聚氰胺事件爆发三个月后，媒体披露了牛根生的一封私人网络邮件：《牛根生致中国企业家俱乐部理事及长江商学院同学的一封信》。媒体提供的信中显示，牛根生声泪俱下向企业家朋友求援，希望得到现金支持，否则蒙牛将被外资投行掌控。从“牛根生落泪求援，万言书揭蒙牛陷入质押危机”，到“联想2亿助蒙牛脱困，解除质押危机”，再到“联想根本救不了蒙牛，大摩稳操蒙牛控制权”。各种消息莫衷一是，曲折跌宕。牛根生的眼泪更被视为“鳄鱼的眼泪”，遭到鄙视。

雷永胜告诉我，牛根生的眼泪，纯属子虚乌有，“第一，牛根生是强硬派的性格；第二，商场上能相信眼泪吗？”据雷永胜所知，牛根生创办蒙牛之后只掉过一次眼泪。2004年，有人向蒙牛成品投毒并发送匿名恐吓信进行勒索，未果之后，湖北、湖南和广东等地接连发生蒙牛牛奶含有甲醛事件。此后，多地均被散布“蒙牛牛奶含有甲醛”的消息，一时间事态几近失控。“三聚氰胺事件是人为在原奶里掺假，这次事件是人为在成品里掺假敲诈。”就在牛根生等企业高层认为企业快没戏的时候，峰回路转，事件引起国家高层领导的注意，国务院责成公安部亲自部署破案，还蒙牛以清白。牛根生在企业重生之际，百感交集，为此流下了眼泪。

而对于万言书的报道，雷永胜说，媒体报道不但是断章取义，而且整个报道有八九处是捏造的。“三聚氰胺最起码是产品的问题。媒体说是借钱去救蒙牛，根本不是这么回事。蒙牛当时账上有几十个亿的现金，因为问题小所以赔偿是最少的，根本不存在财务威胁。”三聚氰胺事件发生后，一些企业家朋友纷纷询问牛根生真实情况，囿于电话中说不清楚，以及为了向更多朋友说明白，牛根生口述，助理笔录，整理出一份关于三聚氰胺事件的前因后果，通过电子邮件发送给朋友，以示通报。

万言书中提及的求援，真实情况则是为了牛根生捐赠的股权。此前，牛根生已经宣布将他持有的上市公司中国蒙牛股份捐给老牛基金会，为了保证管理层对企业有一定的控制权，牛根生捐赠的股份不宜卖入公开市场套现，为了让基金会获得可以使用的资金，除了套现之外，还有一种办法，即盘活法。牛根生将自己持有的一小部分股份质押到投行，获得股票价值60%的贷款额度，用这部分款项投资获取回报后，用于慈善事业。三聚氰胺事件导致蒙牛股价大幅下跌，金融危机又让持有质押蒙牛股票的银行自身岌岌可危。于是，柳传志、俞敏洪等人纷纷临时拿出大笔现金，置换出在银行质押的蒙牛股票，从而避免股票被卖掉而被外国企业收购的危险。

2010年12月28日，牛根生捐出持有的中国蒙牛股份68781022股，占中国蒙牛股份的3.96%。因为无法直接捐赠到境内的老牛基金会，所以交由第三方信托机构负责管理。2011年7月13日，这部分股票转让中粮，获得现金金额为17.36亿元港币。

在这之前，牛根生捐出了持有蒙牛集团的所有股份。由于《中华人民共和国公司法》规定公司董事每年转让股份数量不得超过25%，所以牛根生先生的捐赠是逐年办理法律手续。2006年1月2日，捐出蒙牛集团股份5348590股；2008年12月16日，捐出蒙牛集团股份16045770股；2010年5月28日，捐出蒙牛集团股份39573888股。

早在2002年，牛根生和他的团队考虑蒙牛上市时，牛根生就开始规划公司上市后所获巨额财富如何支配和使用。2003年，在北京天伦王朝饭店，牛根生、雷永胜、蒙牛集团党委书记卢俊和律师杨育红四个人碰面，以非正式的形式第一次探讨了成立慈善机构的可行性。2004年蒙牛在香港上市，《福布斯》给出牛根生当年的身价为1.35亿美元。就在这一年，牛根生在内蒙古成立“内蒙古老牛公益事业发展促进会”，这是一个社团组织。也是在这一年，《基金会管理条例》出台。不过牛根生开始操作成立基金会时，该条例尚未出台，经过咨询有关部门及律师等意见，先成立了公益事业发展促进会，在下面设立“老牛专项基金”来做慈善。2005年，牛根生对外宣布捐出个人持有的所有蒙牛股份，捐赠到老牛基金会。

在蒙牛“火箭般”速度的发展中，牛根生捐出了自己所有的股份，意味着他突然成为巨富之后，钱还没有到手，又立即放弃了。在中国，这样的选择和决定，直到今天仍无第二人。“这是我对自己人生的一个规划。”牛根生说。在他的规划中，前半生做商业，是通过度己来度人，后半生做慈善，是通过度人来度己。再细化，他给自己设立了一个人生三段论：0−20岁，学习阶段；20−50岁，创业阶段；50岁至老，贡献阶段。在这样的规划中，50岁，即2008年，他要实现从企业家到慈善家的转型。

捐出股权做慈善，在牛根生之前，并无先例。如何设计基金会，如何操作基金会，不得而知，他不得不到海外取经。他和雷永胜一起，在美国考察了洛克菲勒基金会、斯坦福基金会、耶鲁基金会、克林顿基金会等近二十家个人和家族基金会。作为企业家，他曾考虑的是做百年蒙牛，而在成立老牛基金会之后，他考虑如何做千年基金会。其关键是，公益资产如何持续增值。“之后一直在学习如何在机制上保证我这个意愿能够长治久安地得以实现，尽量少地受到不可预见的不确定因素干扰。”牛根生说，“国内的相关法规还在成型阶段，所以我很大程度上是考察学习了欧美国家近百年来已发展得相当成熟的慈善资产管理和机构运营，然后在国内外专业人士的帮助下，完成了慈善财产的信托化。”

徐永光介绍，在美国，公益信托已有百年历史，小至几千美元，大至数百亿，都有类型不同的公益信托管理模式与运作经验。以拥有近600亿美元资产的比尔及梅琳达·盖茨基金会为例，就是采取比尔及梅琳达·盖茨基金会信托与比尔及梅琳达·盖茨基金会的“双治理”模式。这两个独立机构，前者负责赚钱，后者负责花钱。基金会每年只管把来自信托基金的捐款花出去，自己没有钱，也不留钱。“老牛基金会是一个依托公益信托的家族基金会，公益信托、家族基金会，这两个模式在中国都是首创。”

捐赠中国蒙牛股份，这一模式的设计，得到瑞士信贷银行、瑞士嘉盛银行等专业机构人士的帮助，借鉴境外信托的经营模式委托专业资产管理机构管理。位于香港的尚心投资管理公司有40多人，属于独立的第三方机构，跟老牛基金会属于合作关系。慈善资产在投资过程中，既要考虑收益，也要考虑稳健。投资管理公司设有投资委员会，决策投资，委员会委员除了资产管理公司的专业人士之外，还包括牛根生、雷永胜、老牛基金会财务部长和律师。

牛根生在捐赠完蒙牛集团股份后，老牛基金会成为蒙牛的单位股东，作为老牛基金会法人代表的雷永胜每年都要出席蒙牛集团的股东大会，享有与其他股东一样的权利。作为非流通股份，蒙牛集团的股份无法出售。雷永胜说，如果是在国外或者香港，这部分股份也可以质押到银行，获得质押款之后再做投资，从而为老牛基金会获取更多的慈善资产。“国内的公益信托不是太成熟，不敢这么做，怕有什么闪失，所以比较保守，没有运作。”

雷永胜介绍，目前在老牛基金会控制、管理和受益的40亿元慈善资产，年收益在10%～20%。基金会收入，一方面来自仍持有的境内蒙牛集团的股份红利，每年约在五六百万元，更主要的是来自资产管理公司打理获得的投资收益。比如，每年如果获得4亿元的总收入，基金会计划每年支出2亿元，这样还可以剩余2亿元，如此下去，可以实现基金会的持续发展。

慈善家族：给出去的逻辑

牛根生喜欢引用一句源自《世说新语》上的名言："小胜凭智，大胜靠德。"他也常说："财聚人散，财散人聚。"他笃信此言，身体力行。他曾在一篇博客中写道，幼时，父母遭批斗，他在学校受牵连也时常遭人打骂，但把母亲给他的零花钱分给了小伙伴，时间一长，大家都听他的话，让大家干啥就干啥，不仅自己不再挨打，有时他还能指挥打别人。牛根生认为这是他奉行财散人聚的源头。

牛根生的妻子申淑香在接受我的采访时回忆，牛根生在伊利任职副总裁时，最多的一年年薪达到了75万元，不过最后拿回家的只有10万，其他大部分都分给了部下。"他这个人性格就这样，要不然他从伊利出来之后，那么多手下都跟着过来。"2002年，蒙牛创业方才3年，牛根生开始张罗着为员工盖房。如今这个拥有几十栋别墅和楼宇的小区绿树成荫，牛根生买下了一套别墅，十多年来一家人一直住在这里。"他的理念就是，我一个人好了，肯定不行，我得把我这个团队带好了，就是说一个人富不算富，大家富才算富。他一直就是这个心理，从伊利到蒙牛。他以前说过，你一个人吃好的喝好的，从骨子里就不得劲，必须分给大家。"

成立老牛基金会，并捐出个人和家庭持有的所有蒙牛股份，总市值高达40多亿元，是牛根生主动完成从企业家到慈善家的华丽转身。在筹划蒙牛上市之后捐出股份时，牛根生并没有直接告诉申淑香，而是试探性地说，这个钱不能往自己家里拿，得拿出来干点事。牛根生给出的理由是：一是对孩子的成长有利，二是对家族的安全有利。尽管经过了一段时间的思想灌输，但在蒙牛上市之后，牛根生宣布捐出所有股份，仍让申淑香十分不解。她原本认为牛根生只会捐出一部分股份，留一部分用于孩子上学和家庭使用。“这个人真是神经病。我们是1981年结的婚，也是从穷日子里慢慢奋斗过来的。刚刚有了钱，还没到手，就都要捐出去。别人都说他疯了。”申淑香忿忿不平地说。

为了让妻子想得通，牛根生不断向申淑香分析，捐了有什么好处，不捐有什么坏处，尤其对孩子，如果不捐，孩子靠父母不自己奋斗，对孩子成长不利。尽管不理解，但基于结婚20多年来对牛根生性格的了解，申淑香还是同意了。2004年10月16日，申淑香，以及他们的儿子牛奔、女儿牛燕（后改名为牛琼），各自签署了一份《授权声明》，其内容大意是：同意牛根生对其蒙牛股份及红利所做出的占有、使用、收益和处分的安排；同意牛根生签订的捐赠协议，并完全认可捐赠协议的内容。

牛根生解释，“我们家里的捐款人跟其他家族不太一样，我们是四个捐款人，因为财产是共同的，是大家的。万一哪一天我离开了人世，他们不同意，想把财产要回来怎么办？我害怕这个问题的发生，所以向大家征求意见，同意就签字。”

现在，除了女婿从事公务员职业之外，其他家庭成员都参与到了老牛基金会的工作中，包括娶进门的儿媳。牛根生说，在他的影响、鼓励和支持下，妻子申淑香致力于“老人关怀”，儿子牛奔致力于“环境保护”，儿媳陈霄鹏致力于“文化教育”，女儿牛琼致力于“儿童关怀”。“我觉得世世代代都要做这件事，基金会要永续发展。”牛根生强调。

1982年出生的牛奔，身材魁梧，笑起来之后像极了父亲。与父亲不同的是，他内向，寡言少语，语速缓慢，柔和。他不张扬，在母亲的眼里是个老实的孩子，看上去丝毫不像众多富二代呈现出来的姿态。当牛根生提出捐出股权时，正在大学读书的牛奔说了一句让母亲一直记住的话：反正钱都是你挣的，跟我没关系。留学英国，牛奔原想学广告设计，但是在父亲的影响下，学习了财会专业。毕业后，他先后在北京、上海工作，此后回到呼和浩特进入中国银行工作。他原本想自己做些事情，类似创业，但是最终在父亲的建议下，放下自己的梦想，参与家族慈善。“他父亲影响了他的好多事情，最终还是希望他做慈善。”申淑香说。对于父亲当时的做法，牛奔坦言并不能全部理解，他对慈善的理解尚且有限。直到参与进来，才理解了父亲的用意，以及慈善的专业。

“因为蒙牛的崛起，让我获得了很多光环，这可以说是‘拿得起’；适时地淡出蒙牛，让出这个舞台，可以说是‘放得下’；将个人资产悉数捐出，投身公益，可以说是‘想得开’。我想用这种方式来诠释对儒释道精神的理解。”8月中旬，在位于呼和浩特市的家中，牛根生告诉我。

慈善创业：打造“赔钱”企业

驾车从呼和浩特市区往正南方向行驶40公里左右，即来到一片高低起伏的低矮山区。山路两侧的坡上，野草丛生，足有半米高。“今年的植被特别好，雨水多。”牛根生走下车，步入草丛，不时做出提醒，“别摔倒了。有树的地方有水平沟，种树必须有水平沟。”

走进茂密的野草中，细细看去，便是一棵棵翠绿的樟子松，有的已长到一米多高，多数仍在半米左右，和野草一样高。牛根生已记不清来过这里多少次，有些树都是他亲自栽种的。

这里是呼和浩特的和林格尔县，以前处于土地严重退化的状态，除了一种叫柠条的稀疏植被之外，几乎没有其他植被覆盖。荒山之中，唯有一棵矮壮的杏树，枝繁叶茂，突兀地立在那里。牛根生据此判断，既然杏树可以成活，就能种树，只要选对了树种，调控好树的密度。“内蒙古盛乐国际生态示范区植被恢复项目”由此诞生，在近四万亩的退化土地上，计划用30年的时间来重建并维护一个健康、稳定的近自然生态系统。

老牛基金会既没有足够的人手负责种树，更不具备种树的专业化水平。在得到世界大自然保护协会（TNC）和中国绿色碳汇基金会的专业技术指导后，他们选用了招标的方式，引入独立的第三方专业机构负责绿化种树，内蒙古和盛生态育林公司中标。自2011年，和盛育林公司已在6740亩的荒地上种植了40多万棵樟子松、油松、山杏、山桃、沙棘等近10种乔灌树种。这些树在栽种之前，已在和盛育林公司的育苗基地种植3年以上。和盛育林公司苗木管理部总经理栗建军介绍，从今年开始，公司将用3年的时间，为剩下的3.8万亩荒地栽种上适合的乔木和灌木。“植树造林是三分种，七分养。我们栽种的树苗成活率为95%，关键在养护。”接下来的几十年，和盛育林公司将负责养护好这四万亩植被。

有了树木，加之最近两年雨水丰沛，这里已经看不出曾经的荒漠景象。栗建军和经常来往此地的老牛基金会工作人员均表示，野兔、赤狐、赤麻鸭、石鸡、环颈雉这些久违的野生动物都出现了，一个新的生态链开始恢复。

环境改变，这里的经济形势也在发生改变。在不远处的盛乐工业园区，中粮可口可乐、康师傅、燕京啤酒等知名企业已经建厂入驻。2012年

5月，在盛乐工业园区的旁边，盛乐现代服务业集聚区云基地揭牌，联想控股董事局主席柳传志、阿里巴巴董事局主席马云、宽带资本董事长田溯宁等商界大佬齐聚站台。阿里巴巴、中国移动、中国联通和中国电信等企业，将在这里建设云计算产业基地。

“在漫长的栽种和养护周期内，老牛基金会要投入34亿元。”雷永胜说，“如果这个项目做得很成功，第一，植被能够自然生长，而不需要人工浇水；第二，确实能起到环境保护的屏障功能，阻挡狂风沙尘；第三，发展出一些绿色经济产业和林下经济，带动农民增收——这些目的和功能都能达到的话，我们可能会尝试再找一些地方做，还没有确定。”

距盛乐国际生态示范区十多分钟车程的地方，矗立着一所刚刚落成的学校——内蒙古师范大学附属盛乐实验学校。这所从幼儿园到高中的十二年制学校，占地约300亩，9月份，老师和学生将为这里注入活力。9层高的学校主楼上标示着学校的教育理念：“为每位学生发展提供适合的教育”。校园里除了建有体育馆之外，还有一所独立的网球馆（网球教学中心）。牛根生笑言，希望这所学校为中国培养出更多的“李娜”。学校的总投资达2亿多元，老牛基金会捐赠了70%（约1.4亿元）的资金，其他资金由政府财政支出，学校建设完成之后，归属内蒙古师范大学。

在老牛基金会2013年年初的捐赠预算中，内蒙古盛乐国际生态示范区造林项目和内蒙古师范大学附属盛乐实验学校分别为3000万元和2142万元，这两个大手笔预算分别排在基金会今年捐赠预算的第二、第三位，排在第一位的是老牛儿童博物馆，计划捐赠8000万元。

2011年，牛根生在美国夏威夷参观大自然保护协会的项目，被夏威夷儿童探索中心的儿童博物馆吸引。在一场亲身体验中，牛根生看到，他一边骑自行车，一边就有他骨骼实体模型同步在动，讲解员为其讲解骨骼的名称和作用。他还发现，在这里3岁的孩子可以开铲车，4岁的孩子就能自由操纵传送带，孩子在玩乐中学习进步，开启智力，这完全有别于普通展示性质的博物馆，而是一种体验式、互动式的博物馆。参观之后，牛根生决定将该项目引入中国，目前正在呼和浩特和北京各建一所儿童探索博物馆。

除了数个千万量级的大手笔捐赠之外，老牛基金会还有十多项百万量级的捐赠，如：捐赠633万元（100万加拿大元）在加拿大多伦多大学设立白求恩奖学金，并制作白求恩塑像；捐赠300万元用于四川西部自然保护基金会的生物多样性保护；为北京师范大学捐赠300万元；向太极禅院捐赠300万元支持太极文化普及、推广和研发；针对发生的雅安芦山地震捐赠1000万元，通辽地震捐赠100万元，以支持当地灾后重建。

接下来，基金会每年的捐赠数额将继续稳步增长。在其庞大的捐赠支出中，以文化教育和环境保护为主，截至2013年，在历年项目捐赠统计中，文化教育占到31.16%，环境保护占到27.60%。

在接受我的采访时，北京师范大学中国公益研究院院长王振耀将牛根生做慈善归结为“慈善创业”。王振耀认为，在现代慈善史上，从卡内基、洛克菲勒到比尔·盖茨，都是在做慈善创业，他们无论是建大学、医院、图书馆、博物馆，还是研发疾病疫苗，都是政府还没做，而社会需要的项目。他们不认为这是政府的责任，而认为这是他们的责任。“在中国，儿童博物馆缺失，生态示范区不多，牛根生就来捐建。这需要什么？设计，管理，持续不断地投入。这个事复杂呀。你想，这是不是又一个企业？但这个企业是赔钱企业。”

虽然牛根生并不曾提到自己是在慈善创业，但他已有意识地表示，要利用企业管理的创新精神，推动慈善事业的发展。在雷永胜看来，企业家需要眼光和智慧，看到行业的深处和未来，并在当下做铺垫，朝着那个方向前行，无论作为企业家的牛根生，还是作为慈善家的牛根生，在这些方面都是一致的。

洛克菲勒的中国学徒

2011年12月8日，牛根生参加比尔·盖茨的午宴后互赠慈善礼品

会议办公室位于呼和浩特东方君座的22层，去年10月份搬入，之前租用在一个拥挤的宾馆里。在这个900多平方米的办公室里，崭新的墙面上张贴着牛根生与比尔·盖茨、洛克菲勒第三代掌门人、安南、布莱尔等慈善家的合影。在会议室内，墙壁上则张贴着牛根生的慈善感悟：“财富越多，责任越大；予人帮扶，予已修缮；倡导施者感恩受者；人人行善，则事无不善；快乐大小，看爱你的人数多少。”

一个值得注意的细节是，办公室专门辟出两个房间，当做档案室。档案室张贴着醒目的口号：天天要档案，人人有档案。在档案室里，有专门的档案材料消毒柜、电子档案防磁柜等。每一个项目从立项到完成，整个的卷宗都保留，而且纸质的文件必须保留，同时又数字化，数字化的储存设备都是在恒温状态下保存。徐永光在参观之后，用“惊讶”形容，“如此严格地进行档案管理，投入如此之大，我认为在国内基金会中这是第一家。至少我没见过在档案管理上做得那么严谨的。”

雷永胜说，牛根生参观洛克菲勒档案馆，发现我们国家很多找不到的东西，在这里都可以找到，比如圆明园全貌照片，联合国寻找资料也会去这里查找。“他说，千年的纸单会说话。”于是，牛根生回国之后要求专门建立一个专业的档案馆，并聘请了专业的档案员。

牛根生坦言，从最初筹划设立机构到现在的慈善文化交流、项目合作和引进，都得益于赴美考察学习。在老牛基金会创办之前，牛根生开启了第一轮赴美考察、学习之旅，从而为基金会的建立、股权捐赠、资产增值和制度设计提供了方向；在专职做慈善之后，他开启了第二轮赴美考察、学习之旅，这一次则是学习引入具体的项目以及家族如何参与慈善等。

2008年，牛根生在哈佛大学演讲时，一个美国学生对中国慈善文化有所质疑，牛根生有些强硬地回应：中国历史有多久慈善就有多久，比如2000多年前孟子就提出了“穷则独善其身，达则兼济天下”的古训，那时美国在哪里？虽如此，牛根生仍旧高度肯定美国现代慈善制度的健全，慈善文化的普及，及其在社会管理方面所起到的作用。

在美国众多家族基金会和个人基金会中，最吸引牛根生的则是已有一百多年的洛克菲勒基金会，同样吸引他的还有其传承百年的家族。牛根生之所以让全家人都参与慈善，正是在考察了洛克菲勒家族之后获得的认识。“牛根生确实在带领家族学习西方的一些慈善家族的传统，而且认认真真地在做，像他这样做的，目前中国还是第一个。”徐永光说。

牛根生很早了解到，老洛克菲勒做慈善时，社会有强烈质疑的声音，说是他们家做慈善是为了他们家的生意，用1个亿做慈善，却在生意上赚了10个亿，相当于用公益推进生意。老洛克菲勒一看没办法，只能让儿子做生意，自己做慈善。不过后来社会又质疑老子做慈善是为给儿子做生意做铺垫，凡是老子做过慈善的地方，儿子都去做生意。在质疑声中，老洛克菲勒把慈善和生意分离得很远，凡是做慈善的地方不做生意，做生意的地方不做慈善，如此受到社会认可。在这一点上，牛根生做得更彻底。他坚定地表示："我既然在早些时候选择投身慈善，未来肯定不会再踏足生意。"

据王振耀了解，老洛克菲勒做石油产业时，被称为"强盗爵爷"，他担心死后坟墓被挖而用水泥浇筑。但是在坚持做慈善之后，大家认为既然做慈善了就不再追究以前了。作为同时代的另一位大慈善家——卡内基，在声明捐出3亿美元财产时，还严厉地镇压了工人罢工。而中国的慈善家遭遇着类似的声誉问题。"我觉得一个社会接受一个慈善家，其实是很难的。整个中国社会长期以来很难接受慈善家，都实行过高的道德标准，鲁迅有一句话就说'道德吃人'嘛。"王振耀建议，"我们这个民族转向现代慈善的时候，应该过好现代道德关。过好现代道德关，才能理解慈善人。如果过不好现代道德关，还用传统的方法，其实是灭了我们自己，也灭了所有的人。"

大卫·洛克菲勒向牛根生家族赠书

目前，牛根生只担任老牛基金会名誉会长一职，理事长由大自然保护协会北亚区总干事长张醒生担任。牛根生说，他现在的主要工作就是发现项目，然后引导落实。让他投入时间比较多的项目，一个是与欧美等国的慈善机构进行的交流与合作，一个就是环境保护和文化教育。之所以关注并聚焦这两个领域，是因为追求经济的高速发展而产生了环境问题，因为过分追求应试教育而产生了教育体系的缺陷问题，即一个是人类的生存问题，一个是中华民族素质问题。关注如此宏大的话题，也曾是老洛克菲勒和洛克菲勒基金会关注的重点。

牛根生坦言，老牛基金会一直在向着洛克菲勒基金会的方向努力，希望基金会做到永续发展，做成千年老庙。“实现这个目标，我认为最重要的有三点：一是需要国家在法律制度上给予基金会良好的生存环境；二是基金会资产增值需要更好的经营环境；三是基金会需要大量的专业人才来运营管理。”

08

陈启宗

陈启宗，1949年生，香港人，香港恒隆集团主席。

香港豪门陈启宗：财富不传承

“我今天第一次以做中国人为耻辱！”此言一出，人声嘈杂的会场顿时安静下来。

发出这番言论的那个男人，站在讲台上，不怒自威。他身材不高，却散发出一股强大的能量。

这是2013年10月13日中午12点左右，北京万达索菲特大酒店，一场论坛正在这里进行。两位重要嘉宾先后发表演讲，但他们的讲话声未能盖过会场的嘈杂声。

陈启宗

第三位上台的陈启宗，香港恒隆地产董事长，时常名列香港富豪榜前20名内。他现年63岁，身材略有些发福。几步轻快地迈上台后，出人意料地，他开始斥责台下坐着的几百位嘉宾。他们在上两位演讲嘉宾发言时，或交头接耳，或互换名片。陈启宗斥责他们对演讲人极度不尊重，“中国人要学外国人的精神，而不只是知识、技术。我们把自己好的东西扔掉了，西方好的东西没学到，变成了莫名其妙的一帮人。不要在国际场合，也不要在关起门来的自己的地方丢脸。我觉得非常羞耻。”

会场很快肃静下来，嘉宾们全部收敛了“不尊重”，静心聆听。

午餐之后，在接受我的采访时，陈启宗表示：“中国是礼仪之邦，现在却无礼失仪。我坐在下面听别人演讲的时候，旁边人跟我聊天，我是非常不自在的。三千年来的礼仪之邦变成了这个样子，而且富人以为自己了不起，有了两个钱就更是如此，羞耻。今天吃午饭时是中国人的羞耻。”

这位性情十足、心直口快的富豪，生于香港、长于香港，在美国读大学，拥有美国国籍，但却对中国表现出相当浓厚的感情。即便是批评中国人，他更多的情结也是“恨铁不成钢”。

他认可儒学的现代价值，强调增进现代人的士大夫精神；他捐助并参与美国众多知名的中美研究交流的智库，推动中美两国的友好发展；他捐助并参与香港的多家维护“一国两制”的基金会和智库，支持中央政府；他以一己之力为故宫等古建筑的修复献言献策、出钱出力……

这个典型的香港“富二代”，对他所喜欢的智库、非政府组织、文化和教育基金会，均出手阔绰，而且长期坚持。但对自己的儿子——含着金钥匙出生的“富三代”，他却表现吝啬，在儿子工作之后，他就不再提供资助，由其独立发展。

对此，陈启宗解释：“几十年来，我家里有一个传统，就是钱不留给子孙后代，给他们尽可能好的文化和道德教育就可以了。钱更重要的用途乃是为着公益事业，用以回馈社会。因这样的家教背景，当先父陈曾熙先生于1986年离世，由我接管家族生意之后，我也就从此走上了热衷慈善事业的路。”

“二代”创业

1986年，恒隆集团主席、创始人陈曾熙去世，当时他不过65岁，距他创办恒隆集团不过26年。但他的财产已高达40多亿元港币，位列当年香港十大财团第九位，排在李兆基之后，邵逸夫之前。令港人不解的是，他没有把数额庞大的财产分配给妻子，更没有分给陈启宗、陈乐宗等三个儿子。在其遗嘱中，他交待家人将其财产以信托的方式成立陈曾熙基金会，信托委托人也非家里人，而是跟随他多年的部下殷尚贤。

陈曾熙基金会

陈家祖籍广东顺德，民国时期在东部沿海做生意，为富商。1960年创建恒隆集团，主营地产开发。此后，他与李嘉诚、李兆基、霍英东等一代新富，共同缔造了战后香港的商业繁荣。

陈曾熙去世后，陈曾焘接任恒隆集团主席，陈启宗任董事。这一年，未能直接接班的陈启宗，与弟弟陈乐宗在美国创办晨兴创投公司，投资初创和成长型科技公司，其中多家公司在纳斯达克上市。1992年之后，陈启宗开始在中国内地寻找生意机会。起初他相当谨慎，默默观察政策的长期走势。直到1996年，他才开始跑马圈地，晨兴创投在中国内地投资的科技公司有搜狐、携程、第九城市等。晨兴创投最近一次的大手笔投资，则是投资了雷军创办的小米科技公司。在投资科技公司之外，晨兴一度获授权创办《福布斯》《哈佛商业评论》和《信息周刊》三大著名财经媒体的中文版，近两年逐步退出。21世纪的第一个10年，尚是传统媒体形势良好的时代，陈氏兄弟由此大赚一笔。

相较于作为上市公司的恒隆集团，陈启宗称晨兴创投公司是“家里的”。这个独立于上一代家族之外的私人公司，显示了陈启宗兄弟的商业智慧。他们明显不是富二代中的纨绔子弟。

1991年，陈启宗从叔叔手里接过恒隆集团的权杖，在董事长的位子上一直坐到今天。在陈曾焘执掌的五年时间，恒隆集团被整合收缩，格局保守，致使恒隆集团跌出香港公司实力榜的前十名。陈启宗接棒后，凭借两项战略决策，帮助恒隆集团再次崛起。其一是进入内地市场，在上海先后开建恒隆广场和港汇广场，恒隆广场建成后成为当时浦西第一高楼，从此闻名于内地；其二是成功避开1997年的亚洲金融危机。

如今，陈启宗已将恒隆集团的重点放在内地，继进驻上海之后，又陆续在沈阳、济南、无锡、天津、大连、昆明，以及今年刚刚中标的武汉，发展各地恒隆广场。在内地，陈启宗不做住宅地产，只做高端商业地产，而且只租不卖，现金流源源不断。2013年福布斯富豪榜香港地区排名中，陈启宗家族以31亿美元位列第14位。

作为少主，陈启宗完成了从富二代到企业家的华丽转身。他用自己的商业才华赢得了广泛的认可，也赢得了财富。在很长一段时间内，陈启宗并未持有恒隆集团的股份，只有并不丰裕的工资。他曾讲道，“公司在2003年前没有薪酬委员会，之后委员会成立了，才认为我的待遇不合理，加我薪酬和股份。过去我甚至连期权也没有，工资十年都没有变过，我还记得，2003年的工资是144万港元，公司里有不少员工都比我高。现在公司不少同事的认股权比我还多，而且他们的价格拿得都比我低很多。”

“有钱的儿子不成才，没钱的儿子成了才。”这是陈启宗给朋友的箴言。“先父去世时我们三兄弟没有拿到一分钱。我从小就教育儿子，你不会从爸爸这里拿到一分钱，将来也是。”外界流传着一个陈启宗和儿子之间的小故事。他的儿子在上海工作，每天早上骑自行车上班。“有一天我打电话给他，他说：‘对不起爸爸，我现在在骑自行车，下了车我再给你通电话。’”陈启宗则以他惯有的幽默回答，“还骑自行车，你好奢侈。”

历史情结

将生意做到内地之后，陈启宗希望为内地的文物保护做些事情。“我当时的想法是，尽量不要在北京做，因为在那里做事总是比较复杂。”不过他的一位朋友告诉他，北京故宫内有一块空地，建筑已被大火烧毁。1994年，经朋友介绍，他认识了时任国家文物局外事办副主任王立梅，由她带入故宫建福宫花园。回忆起这次参观，陈启宗用“惨不忍睹”来形容，“那个情景让我相当震撼。当时遗址被夷为平地，寸草不生，更是堆满了垃圾，还有一艘破烂的木船。”建福宫花园建于乾隆五年，后被一场神秘的大火焚毁，焚毁的日期是1923年6月27日，陈启宗至今清楚地记得。

这次参观，改变了陈启宗不在北京做文物保护的想法。“那时候我就有一个意念：文物的破坏乃是国家衰败的明证，而文物的修复乃是国家兴旺的确据。”他决定修复建福宫花园。而在他之前，还没有私人出钱修复故宫的先例。

于是，陈启宗在香港成立中国文物保护基金会。更重要的是，他需要为可行性研究以及获得审批而奔走，因为在没有先例的情况下，支持和反对复建的声音都有。直到1999年，在时任文化部部长孙家正的见证下，陈启宗和时任国家文物局局长张文彬签订了合作协议书。2000年，建福宫花园复建工程启动，2005年完成，该工程获得中国文物保护基金会的捐助，最终的数额则没有对外透露。陈启宗表示，“我从来没有告诉过别人真正的捐助金额，只有我跟从香港派过来的项目经理两个人知道。”

捐了钱，陈启宗更关心具体操作。为此，他的多年私人助理丘筱铭，从香港搬到北京，出任中国文物保护基金会的项目总监，与故宫博物院一同监管项目实施。复建初始，施工人员准备把被焚毁的半截石柱子砸掉重建，陈启宗得知后当即表示反对，并亲自飞赴北京，说服了相关人员。随后，他从尼泊尔请来一位修复石头的英国专家。故宫博物院方面也高度评价这种做法的意义：它不仅使消逝了近一个世纪的皇家名园重新焕发出生命，而且通过精细严谨的工程，努力追摹传统，培训了一批古建筑技术工匠，使珍贵的古建筑工艺法得以保存和发扬。

建福宫花园复建完成后，陈启宗又开始捐助修复位于花园南侧、被同一场大火焚毁的中正殿。中正殿建于康熙年间，为藏传佛教在故宫的中心。除了北京的故宫项目，在香港，陈启宗还修复了一个建于1853年的英军军火库，工程历时13年，如今成为亚洲协会的办公场所。陈启宗透露，他在无锡还有六个文物保护项目正在进行。

建福宫花园复建工程结束时，时任故宫博物院院长郑鑫淼希望为陈启宗立块功德碑，或者标注由陈启宗捐赠复建。陈启宗立即反对，“恢复历史原貌，是对得起炎黄子孙，做了我的牌子放在那里，就破坏了那个地方的整体观感。”

2011年，中央电视台爆料，建福宫花园成为私人会所，入会费高达100万元。此后故宫博物院开始整改。不过，也有矛头指向复建人陈启宗。他很不屑地回应说，“我知道有些人说，陈某人就为在里面赚钱，为做这个会所，才修复这个东西。我心里想，那是以小人之心度君子之腹。陈某人现在没有50亿元到100亿元的项目我都不干，我没时间干那个，我最近做的项目每个都是100多亿元的。你让我赚那几十万、一百万，那真是笑话，你把我陈某人当什么了？做大事的人哪会赚这些小钱？”

作为修复的捐赠者，陈启宗也获得了故宫的优待，容许他偶尔进去看一看，并且可以带着朋友。直到今天，他在故宫还有办公楼，虽然不是在建福宫。在他看来，晚上在故宫里走走，是人生一大乐事。

从1994年决定复建建福宫花园，到2012年中正殿修复完工，历时18年。“人生能有几个18年？”陈启宗感慨道。不过，他认为很值得，“谁有机会做这个呀？忽然间碰巧被我遇上了，不做是笨蛋、傻瓜。故宫只有一个，你想想看，唯一有机会在故宫里盖个什么东西的，就是这次了，这次机会如果不抓住就再没有了。”

之所以对文物保护如此用心，陈启宗表示，他感兴趣的不是古建筑本身，而是历史，文物都是历史的见证。

民间外交大使

出席活动时，陈启宗的个人职务，除了注明恒隆地产董事长的身份，现在紧随其后的是亚洲协会联席主席。亚洲协会由美国洛克菲勒家族于1956年创办，总部设在美国纽约，在世界各地都设有海外中心，其宗旨是向世界传播亚洲文化。2011年，陈启宗开始接任联席主席，在此之前，他已担任副主席多年。

亚洲协会并非陈启宗任职的第一个智库。他的个人资料显示，他是美国对外关系委员会、美中关系全国委员会、美国百人会、雅加达战略与国际事务研究中心顾问委员会成员；他曾任世界经济论坛理事会、美国东西方文化中心、太平洋国际政策协会、艾森豪威尔基金会以及美国莫琳与麦克·曼斯菲尔德基金会成员。

1990年代，陈启宗出任达沃斯世界经济论坛理事会成员。在历届会员中，他是第一位亚洲人。“究其原因，首先是我的生意比较成功，赚了不少钱。试想，别人会邀请失败的生意人出任此等公职吗？当然，单有钱还是不够的，你必须有学问、有思想、有见地，言之有物，还要懂得按国际惯例处世为人，才能获得一点在世界舞台上的发言权。”

通过各种国际交流平台，陈启宗和众多国家的政治家、政治学家成为朋友，例如美国前国务卿基辛格、美国前总统老布什、美国联邦储备局主席伯南克、“软实力”理论创建人约瑟夫·奈以及新加坡前总理李光耀和澳大利亚前总理陆克文等。

2013年10月13日在欧美同学会北京论坛的晚宴上，陆克文突然现身，就坐在陈启宗的旁边。他的出现，让到场嘉宾颇为惊讶，因为他与欧美同学会全无关系，也没出现在论坛的嘉宾名单中。“今天晚上陆克文为什么要来？他来跟我聊天的。我们本来约了昨晚聊天，但他把时间弄错了。昨天晚上他还在迪拜，在迪拜转机的时候写了一个E-mail给我，说对不起，明天有时间吗？我说明天很忙，一起吃晚饭吧。后来我想了想，要是主办方不介意的话，就把他请到晚宴吃饭，结果他真的来了。”陈启宗告诉笔者。

任职美国智库的同时，陈启宗还在香港多家智库任职，是香港一国两制研究中心执行委员会主席、香港明天更好基金会会长和香港发展论坛召集人。他还参与了这三家智库的创建，捐赠了大量款项。成立于1995年的香港明天更好基金会，由李嘉诚、郑裕彤、邵逸夫、曾宪梓、陈启宗等香港20位工商界人士发起筹备，每人捐款500万港元。

欧美同学会副会长王辉耀在接受笔者的采访时表示，在香港企业家中，像陈启宗这样具有国际视野的不多，关注智库的不多，活跃于国际舞台的不多，在国际和国内都有影响力的不多。在忙碌的企业经营管理之余，陈启宗乐于花时间参与、组织智库发展，推动国际交流。据王辉耀介绍，陈启宗最近两次组织中国企业家参访以色列，每次参访人员都有二三十人，受到以色列总统和总理接见，推动了两国在科技、教育等方面的合作。“他是社会活动家，也是民间外交大使。”王辉耀说。

之所以钟情国际关系的智库，“那是个人兴趣。在这个全球一体化的大环境之下，对世界认识不够的话会很吃亏。”陈启宗说。

除了以智库的形式推动中国和世界的联系，他还以一个评论家的身份，向外界分析中国、解说中国、推介中国。在香港《明报》《信报》等报刊，陈启宗时常撰写文章，标题总是很宏大，例如《经济危机后的世界格局》《中国之发展为东西方文明共处带来的机遇与挑战》《展望未来三十年：中国的发展愿景》等。

一个家族的榜样

香港豪门受到关注，总不外乎财富和女人，争遗产、娶明星太太的剧目，在豪门家族一代代持续上演。唯一的例外，大概就是陈启宗家族。陈启宗曾拿儿子揶揄香港豪门："人家孩子娶媳妇一个赛一个漂亮，我们家孩子恐怕就不行了。"

他认为，富不过三代的魔咒，不论是欧美还是中国，在不同的文化和制度背景下都普遍存在，财富传承最好的方式就是做慈善。

相对于其他豪门的花边新闻，陈启宗受到关注的点是他的"炮火"。陈启宗不像父亲、叔叔和弟弟那般低调，时常表现出高调的一面。在公开场合，他多次猛烈批评投行，"绝大部分投资银行都是贼"，"20多年来，我从来就看不起投资银行家，亦叫我的儿子不要到投行工作，如果我有女儿，也不要她嫁给投资银行家"。他不忘历史，既批评欧美的自由民主，也批评欧美曾经的殖民主义和帝国主义，还有时常出现的"中国威胁论"。当然，对于中国的一些坏现象，他也丝毫不留情面，例如批评官员为了升官而拿博士学位，他更对中国国民性予以批判，颇有些鲁迅遗风。

陈氏家族一直有着良好的财富观，乐于主动做公益，而又行事低调，不为求名。陈氏上一代中，陈曾熙将遗产捐出，成立基金会，走在华人圈前列。陈曾焘与夫人许启明于1997年在香港捐资成立思源基金会，支持国内教育和医疗。陈曾焘还是复旦大学、南京大学和香港中文大学联合书院的校董，以及香港大学教学科研基金创会董事，为教育捐助良多。

到了陈启宗、陈乐宗这一代，兄弟俩在慈善方面的表现更是青出于蓝而胜于蓝。陈启宗欣赏华人圈大善人余彭年，在他看来，余彭年持续多年捐赠之后，把剩余身家完全捐出，这种行为令人赞赏，能在社会上起鼓励作用。他相信榜样的力量，而企业家能否积极参与慈善，“除了政策的诱导之外，最重要的乃是有足够多令人赞赏的榜样，在社会上就自然会形成好的风气。勉强别人捐赠是不美的，应该捐得乐意才好。八股的教导只会叫人厌烦，唯有合宜的榜样才能启发别人，叫人从心里孕育出‘捐之乐’，从而培养公益意识、广阔的心胸及关怀社会的情操。有了较多的榜样，社会上慢慢就会形成一种氛围，甚至一道潮流，赚了钱的人都会乐意为社会、为别人多做点事。”

除了在智库和文物保护方面的专注和专业，1997年，陈启宗和陈乐宗又在美国共同发起成立晨兴基金会，作为兄弟俩做慈善的重要平台。该基金会捐助支持了美国多所知名大学，如哈佛大学、南加州大学、约翰·霍普金斯大学、麻省理工学院、加州大学洛杉矶分校等。在中国，晨兴基金会为中国科学院捐赠晨兴数学楼，建立晨兴数学中心。同时，陈启宗还与著名华人数学家丘成桐教授一起设立“晨兴数学奖”，以奖励45岁以下达到世界级水平的华裔数学家。

晨兴基金会近年的最大手笔，是捐赠香港中文大学晨兴书院，捐赠额为一亿港元。晨兴书院是香港中文大学的一所新书院，每年仅录取大学生300人左右。书院于2006年筹建，2008年破土开建，2010年开始招生。书院院长为诺贝尔经济学奖获得者莫里斯。“晨兴书院不仅鼓励学生学习，而且也教他们要服务社会。”陈启宗在书院动土仪式上表示：“他们的努力不但会把世界变得更美好，而且亦会令他们活得更有意义、更丰足。”此前，香港中文大学拥有四所老式学院：新亚书院、崇基学院、联合书院和逸夫书院，而在晨兴书院的示范下，和声书院、敬文书院及伍宜孙书院纷纷成立。

捐助了众多智库、基金会和大学，陈启宗却从不对外宣扬捐赠数额，每次被人问及，他都会说，“钱是最不值钱的，怎么都往钱那里想？”他认为，“没财富不行，但财富绝对不是最重要的。”

“就个人而言，我可能是全香港每年为不同的非牟利机构筹款最多的人之一。要人捐钱，自己当然要带头做榜样，并且要做得得体，才能够持久。”陈启宗说。

对居住于城市的学生来说，下田采摘有机蔬菜是一次珍贵的体验

对话陈启宗：急需重建文化和法治

（采访时间：2013年10月13日）

宋厚亮：中国的企业家参与公共事务，会有一些区别于西方的地方吗？例如中国有儒商的传统。

陈启宗：个人意见而已，不在对或错，也不一定有对错。谈论儒商这个问题有点难度，谈论的好处是希望引导更多人变成儒商，但是我担心越讨论他们越不敢。好像在一个房间里画一个界线，这就叫儒商，别人进不进得去呢？愿不愿意进去呢？你不画这条界线，他们可能不知不觉地就进去了；画了这条界线，谈得太多，反而给人一个固定印象，就把儒商这个词太定义化了。当然，我不反对学者去研究这个问题，但是对一般商人来说，是就是，不是就不是。你定义了什么是儒商，别人更难成为儒商。商人的素养提升，兴趣越广，慢慢也就成为儒商了。但最重要的还不是文化素养，而在于他们的社会承担是什么，也就是士大夫精神。这个是中国的一大课题。

宋厚亮：在东西方不同的文化、制度背景下，慈善会有哪些不同？

陈启宗：包括很多方面。西方特别是美国，有慈善的历史，欧洲很少。有两个原因，一个是美国的钱大部分是新钱，新的钱、新的财富比较会捐钱，原因就是在不太远的过去，企业家曾经是穷人，比较容易感受穷人的情况和穷人的需要。老家族的钱都不大会捐，老家族现在的掌门人或者是其他的家族成员，再没有赚钱的能力，他就靠分，拿钱，要钱。说不好听的话，好多都是讨饭的，不过是向家里讨，不是向外面讨。没有这个能力为什么得到这个钱？你自己赚回来的我佩服，不管你是干什么，只要是干干净净的，或多或少我都尊重你。

当然我也知道有些家族，几十年来甚至一百多年来是有很优良的传统的，一部分分给后人，另外一部分做慈善。做慈善的这部分，我就很佩服他们，确实做得好，包括洛克菲勒、福特等，做得真是很优秀。我也认识里面的一些人。但是另外一方面，家族后人拿钱的，那是家庭叫花子，拿着钱可能就不肯去捐。当然他们当中也不乏好人，这个不只是他们自己的错，是他们父母亲的错。为什么他们现在是富人叫花子？是因为他们的父母没脑子。将钱给他们就是制造叫花子、讨饭的，真的是讨饭的。

美国的慈善事业比较发达，还有一个原因就是他们的税制，捐钱可以抵税。美国人捐钱，没有我们中国人捐得那么干干净净，中国人赚了钱抵税基本上是不可能的，但他们还是捐，所以他们真是用心来做。当然捐钱抵税也不是不好的事，我认为整体来说还是一件好事，至少他愿意捐嘛，而且也帮助有钱人在社会里建立了比较正面的形象，减少了社会上的贫富矛盾。

宋厚亮：比尔·盖茨和沃伦·巴菲特来中国劝捐，中国富豪的声音不同。

陈启宗：他们来的时候就说要帮助中国的企业家裸捐。他们两个都裸捐了，巴菲特还留了一点钱给孩子，基本上对社会的成长还是好事。他们跑到中国来，真是羞耻，讲明是帮助中国人裸捐，谁想到社会那样的回响，大家都不大欢迎。记不记得？他们退一步自圆其说，我们不是要你们裸捐，是交流交流。那是撒谎，睁着眼睛撒谎，因为他们起初不是这样说的，起初是要帮别人裸捐的。他们没有做市场调研，中国的经济发展只是二十多年来的事而已，已经有那么多人裸捐了，这是世界上少有的。余彭年先生，裸捐了。

宋厚亮：牛根生也裸捐了，建立了公益信托。

陈启宗：对。所以说我们中国是一个相当优良的民族。比尔·盖茨和沃伦·巴菲特没有做好社会调研，就跑到中国来要教导我们中国人，岂有此理。根本不知道中国的情况。有一次我在讲演里面提到，我说我花了十八年把故宫的两个项目修复了，没有什么中国人愿意捐钱——我说的是那两个项目，不是就一般来说。我有一个朋友柳传志听了，写了一封信，很长，他是这么讲的，其实我们中国人还是很愿意捐钱的。我也知道，同意他说的，他说的是对的，或者我说的不精准，他的理解跟我说的意思是不一样的，我说的是这个项目。但是他这么说，我也很高兴，这证明我们中国人已经有慈善了，不需要回应。所以我说在这一方面中国人还是很优秀的。

你们要把这个词好好点出来，就是家庭叫花子，凡是把钱给孩子的就是把孩子变成家庭叫花子。你说有例外，当然了，世界上任何事都有例外。但是我观察了，不只是客观地观察，我认识这些海外的富人，我相信不比现在内地的企业家少，我几十年跟他们打交道，有一个好的你就得谢天谢地，凡是有一个好的榜样，我就会给你说出九个不好的。你说你傻不傻？为什么要给钱呢？叫他们做叫花子。

宋厚亮：不给钱，应该传承哪些东西？

陈启宗：你给他好的学术教育，好的道德教育，给他温暖的家，够了吧？当然也不能保证他们成才，没人能保证。你给了他这三样东西，他成为社会栋梁的机会会大很多，那你为什么不给儿女这样好的机会？

凡是把钱交给后代的，都是恨自己的下一代，把他们变成叫花子。为什么要恨你的儿子？要让他变成这样？将来是你家族的羞耻，你姓张就是你张家的羞耻，你姓何就是你何家的羞耻。

宋厚亮：在香港是不是有很多富家叫花子？像你的家族在香港应该算是另类的，不多见的。

陈启宗：富家叫花子在任何有钱的地方都有，香港也有不少。中国人说富不过三代，是有道理的，也是历史的必然，老外也有这个说法。第二代从小看着第一代长大，还会勤奋一点，因为在家里看到爸爸几十年来勤奋地工作，不亏本还要赚钱。所以第二代有不少孩子是可以的，只要第一代不蠢，有些第一代比较蠢，用钱贿赂下一代的良心，没时间照顾他们就给钱。到了第三代，基本上不行了，一百个家族里有两个第三代还可以，已经是不错的。没有准确的数字支持，但是一般来说都是这样。

宋厚亮：美国的洛克菲勒家族、欧洲的罗斯柴尔德家族，他们为什么可以做到这么多代还是做得蛮不错？

陈启宗：大家要搞清楚，洛克菲勒家族的第一代、第二代赚钱，第三代基本上就不赚钱了，第三代就是做好事了，保住老爸的声誉。但是不能否认，他们做了很多慈善的事，而且做得漂亮。到了第三代、第四代，赚钱的能力基本上没有了。第三代比较好的是戴维·洛克菲勒，现在98岁了。他做银行做得相当不错，也受人尊敬。他哥哥约翰·洛克菲勒，就是我们亚洲协会的创办人，他为挽救父亲的声誉而做了好多善事，结果他真的做得很成功。第三代有当副总统的，纳尔逊·洛克菲勒。到了第四代还有人赚钱吗？一般的生活都是比较糜烂的。所以你说洛克菲勒家族，是有他们很成功的一面，但是也有不为人道的一面。

宋厚亮：世界上就没有一个完美的财富传承方式？

陈启宗：没有，我说最完美的方式就是把它捐掉。

宋厚亮：富不过三代是中国富豪的魔咒，逃不掉吗？

陈启宗：老外也这样说，我们中国也这样说，原因何在？人性所致，人性你是敌不过的。你以为你能敌过人性，你才真是不懂人性，是傻瓜、笨蛋。

富家叫花子，有没有更好的词？富家叫花子太长了。叫花子的另外一个名词是什么？乞丐，“富乞丐”三个字比较容易一些。

宋厚亮：财富一代代传承，或许正反面作用都有。

陈启宗：要是钱都不给第二代，就得重新洗牌，每一代人重新洗牌，就不给你累积财富的机会。当然我也要强调一件事，我绝对地尊重私人财产。我们看那些富乞丐，真的看不顺眼，但是也不用担心，早晚社会会淘汰他们，市场会淘汰他们。香港有一些家族是不错的，四代、五代都还比较好，每一代都是正正派派做人的，没有出什么奇形怪状的东西。我举一个例子，利希慎家族，第一代不是那么光彩，但是到了第二代、第三代，我认识那么多人都相当正派。

从对社会的发展来说，富人有另外一个作用，不能抹杀。譬如说历史是从皇帝、贵族、富人的角度来写的。而且科技的发展、思想的发展、文化的发展、艺术的发展，都是跟皇帝、贵族、富人相关。社会上有很多好事都是有钱人才能做的，没钱人是做不出来的。我有一些朋友搞“无止桥”，就是没有停止的桥，好多穷地方的学生不能上学，因为过不了河，他们在全国各地帮助建桥。我还有一个朋友去替中国治黄河，他是加州理工学院的博士，生意做得很成功，现在退休了，去帮助国家治黄河。

从个人的角度来看，我是绝对不愿意看到我儿子变成富乞丐的，那是我不爱我儿子的表现。

宋厚亮：你一直关注并参与中国与美国等国家的交流，而且对世界大势有相当研究。中国的崛起很受关注，在你看来，中国在崛起的过程中拿什么给全世界？

陈启宗：美国是把法治拿给全世界，就是制度。我认为这个问题要两个方面看，一个是我们自身既有的文化底蕴——士大夫精神；第二个就是法治。我们经常讲法治精神、法治意识、制度建设，这个需要学，不学是不行的。现在国家领导人要做什么事？好多很紧迫的事，但是从长远来看，这两件事不做好是不行的。

宋厚亮：回归原来传统的士大夫精神？

陈启宗：很简单，要不然的话还有什么东西？几千年来的历史，大家基本上都有点认识，历史都不要了，你一定失败，注定失败。全盘推翻一定是失败的，你就重新变成了野人。

宋厚亮：你所说的西方的精髓是什么？

陈启宗：两个方面，一个是法治的精神，一个是对制度的尊重，不仅仅是建设制度，建设了，你不尊重它也没用。

宋厚亮：你提到了一个很重要的观点，重建士大夫精神，建设法治精神。从现实来看，你认为需要怎样来建设？

陈启宗：这个要看社会上的有识之士，我就不方便说了。自己把自己算作有识之士有点那个吧。第二个也要看政府，当然也不能完全靠政府。

宋厚亮：未来，中国与世界的关系怎么走？

陈启宗：日本是个例子。我对日本也有意见，但是日本人有些好东西我们也要学，日本能够学到西方好的东西，也保留了自己固有的东西。

当然从某个程度上来说，他们学的主要是技术型的东西，没有学西方的精髓。譬如说，日本有法治，但日本靠的不是法治，他们的法庭根本不是西方那一类的法庭，他们靠的是禅宗里面的一些东西，他们靠的是羞耻，所以他们会自杀。所以我认为日本向西方学得不够好，有了形，没有学到神。他们固有的东西是很有问题的，没良知。南京大屠杀杀了多少人，还在讨论，军国主义不过是外面的形而已，里面的东西很可怕。

宋厚亮：“二战”时期的慰安妇就是从日本内部发展出来的。

陈启宗：但是最少他们告诉我们一件事就是，中国人是可以把别人的好东西学来的。中国的文化是很包容的。那我们能不能够包容地把西方好的东西学过来？就是他们的法治精神，这不是西方文明独有的东西，因为这也是合乎人性的东西。什么是伦理？伦理就是明明德，发扬你的明德，但是基本的假设是人的善多于恶。

宋厚亮：西方假设人性恶。

陈启宗：对，法律就调过来了。假设你恶，用法来治你。两者应该并存，固有的就是明明德，没有的就是要学法治，双管齐下，你才能够有一个比较好的社会。西方有法治没有明明德。我们中国人是德育教育，德育教育是中国人教育的一部分，士大夫精神就是和读书人连在一块的，不是两件事。道德跟学问是合二为一的，西方不是，西方是知识归知识，德育归德育。

宋厚亮：西方的德育是在宗教当中。

陈启宗：对，他们的德育是在宗教里，你说得很对。所以他们是有点精神分裂的。

宋厚亮：不信教就麻烦了。

陈启宗：对，不信教就麻烦了，信教不见得有用，但还是比较好一点点，信教是有点好，坏人的成分少一点点，不信的话就完全没有。所以我们中国的好东西为什么不去发扬呢？你去西方读书绝对读不到德育教育。我们中国不一样，从小的读书就是要德育教育。光靠德育也不行，对人性的解读就有基本的错误，人性有恶，所以要用法来治。中国说合情合理合法，老外的法有点过头了，不合情合理，只合法，那也太过了。所以说中国还是有希望的。

宋厚亮：你很重视传统的士大夫精神，但是上世纪自“五四运动”，再到“文化大革命”，儒家被打倒，儒家的历史是中断的。

陈启宗：“文化大革命”才十年。三千年的文明，十年能够把它改掉吗？儒家是两千三百年的事，反孔，反不掉。

宋厚亮：现在许多有识之士在推动儒学复兴、传统文化复兴，你对复兴持有的是乐观的心态？

陈启宗：绝对是。

宋厚亮：但是我们也看到当下的礼崩乐坏，各类造假层出不穷，大家不讲仁义礼智信了。

陈启宗：这个我都明白，我都看在眼里了，这个是时代的产物，你看十年二十年，当然有这些东西，要看长远。当然你说这十年、二十年、三十年有问题，我也不说什么，绝对是大问题，弄不好社会会动荡。但是以中华文明做本位，那就没有什么大问题，三千年都走过来了。

09

马蔚华

马蔚华，1949年出生，曾任招商银行行长，现任香港永隆银行董事长，壹基金公益基金会理事长。

马蔚华重塑壹基金

马蔚华

参加招商银行董事会之前，马蔚华分别接到王石和李连杰打来的电话。这是马蔚华以招商银行行长身份参加的最后一次董事会会议，他即将卸任招商银行行长，稍早前，他卸任了招商银行党委书记。王石和李连杰表达了同一个意思：深圳壹基金公益基金会理事长换届很快到来，他们一致希望马蔚华接任。

2013年5月31日，马蔚华正式告别执掌长达15年的招商银行。65岁的马蔚华，下一站是哪里？作为银行业领军式人物，马蔚华的卸任受到广泛关注，各种商业邀请纷至沓来。以他在企业界的地位和影响力，他完全可以继续征战商业，轻车熟路。

王石，万科股份公司董事长，时任壹基金执行理事长。李连杰，众所周知，壹基金的创始人、理事。当他们共同向马蔚华发出邀请时，马蔚华口头答应了。但是此后，在具体了解了国内慈善行业发展现状，以及包括壹基金在内的慈善机构所遭遇的矛盾、困难和争议，他一度犹豫。因为，对于他来说，慈善是个并不熟悉的领域，执掌壹基金，不会轻松，不会一帆风顺。

尽管马蔚华口头答应接任理事长，但壹基金的理事们无法确认马蔚华的最终意向，担心其在各种商业邀请之下会变卦，于是在2013年下半年召开的理事会上，理事会纪要专门写入马蔚华答应接任理事长一事。

“但是我觉得，当时接任招行行长的时候，不是也遇到这样的情况吗？人生的道路总是要有一点挫折，如果很顺利的话，可能也没啥太大意思。况且壹基金已经有一个很好的基础了。”马蔚华分析。

之后，马蔚华谢绝了众多商业邀请，坚定信念聚焦壹基金，做好壹基金理事长。

身为知名企业家，马蔚华不希望重复国内基金会所走过的道路。15年前，50岁的马蔚华，从司局级官员转战商业，以“创新”为招商银行开疆拓土；现在，从商业转身慈善，他将再次以“创新”为壹基金寻找一条别样的发展之路。接受笔者采访时，他说：“像我当时办招行那样办壹基金，或许能走出一条比较好的路子来。”

接棒：贡献时间和精力

壹基金的马蔚华时代到来了。

2014年2月8日，是壹基金一届九次理事会，也是一届理事会的最后一次会议。北京大学教授周其仁辞去壹基金理事长，王石辞去壹基金执行理事长，王石和马蔚华握手交接。

马蔚华与王石

3年前，壹基金获得公募资格，成为首家民间地方公募基金会。它的理事会足够豪华：冯仑、李连杰、柳传志、马化腾、马蔚华、马云、牛根生、王石、杨鹏、周惟彦和周其仁。除了李连杰、杨鹏、周惟彦和周其仁，其他7人都是国内领袖级企业家。

王石表示，当初他之所以出任壹基金执行理事长，是因为自己有时间。在分析推荐马蔚华接任壹基金理事长时，王石表达了同样的意思：对于能干、有丰富阅历、有激情的成功人士，最有价值的是什么？是时间。贡献时间、贡献精力。

之前，有两位知名企业家从商界转战慈善界，一位是曾执掌爱立信中国和亚信科技中国的张醒生，辞职后担任大自然保护协会北亚区总干事长；一位是蒙牛董事长牛根生，辞职后担任自己捐赠的老牛基金会理事长。几年下来，分别在张醒生、牛根生贡献大量时间、精力之后，大自然保护协会中国部和老牛基金会均已风生水起。

“我觉得他们（壹基金理事）都有事做。我卸任了，他们觉得我不像他们有压力。”马蔚华在认同自己有时间参与之后，更强调自己的一个性格，“另外，他们说我这人还比较靠谱，他们看重我这点。既然我要接这个事，我就肯定比较靠谱地做下去。我要做一件事，肯定是倾注全力，肯定是一丝不苟地把它做好，这点我能做到。”

马蔚华视自己为慈善界的初学者、后来者，尽管10年前他就参与发起阿拉善生态协会，3年前担任壹基金理事和预算委员会主席，不过他认为此前仅仅是参与者，而现在是领导者。角色不同，马蔚华的自我要求变得完全不同。

从2013年答应接任壹基金理事长到正式接棒，马蔚华开始深入考察、学习和研究中外慈善事业。在台湾，他拜访星云大师、证严法师，尤其向证严法师请教慈济基金会的发展和运作。

壹基金秘书长杨鹏透露，3月13日晚，2014年全国“两会”刚刚结束，马蔚华专门在北京宴请公益界资深人士，征求公益管理的意见。“马蔚华先声明，晚餐的费用，不用壹基金一分钱。马蔚华还强调，当壹基金理事长，自己不会花壹基金一分钱。”

“我得从他们身上了解慈善运作经验，各方面的矛盾和解决的途径。受他们的启发，才能做好工作。”马蔚华一副谦虚的姿态。作为多年的全国政协委员，今年全国“两会”，他开始重点关注研究政府工作报告中关于公益慈善的部分。

在研究了欧美的慈善基金会运作模式之后，作为全国政协委员，马蔚华在今年的全国“两会”上提交了《关于我国公益慈善基金管理制度引入信托机制的提案》。他建议，将慈善基金交由获得证券投资基金托管资格的独立第三方机构进行托管，由托管机构依据法律法规和合同的要求，履行公益慈善基金安全保管、资金清算、资产核算和信息披露等职责，通过市场化机制，解决公益慈善基金的全程监督和服务专业化问题；同时，允许公益组织在“确保资金安全”的前提下自主选择管理人，对公益慈善基金进行保值增值的专业化管理。

在具体了解了当前的制度困境之后，马蔚华认为慈善事业百废待兴，这就需要慈善机构去开拓。“就像当初办招行所面临的金融困境一样。”

学习研究的更大结果是，他将对壹基金实施全方位的变革。

布局：制定发展战略

在担任理事长之前，他第一次进入壹基金的办公室，看到办公条件简陋、拥挤。他跟每一位工作人员聊天，了解他们的状况。他获知，工作人员收入不高，但素质高，有的毕业于哥伦比亚大学、伦敦政治经济学院，有的在国际慈善机构工作过，有的在慈善行业工作了许多年，对慈善事业充满热情。他被感染，甚至被感动，坚定了担任理事长的决心。今年春节，马蔚华自掏腰包，亲自给壹基金工作人员发放红包。

慈善行业工作人员有情怀，但收入低，普遍存在。马蔚华认为这涉及内部管理问题，需要建立一套绩效考核体制，包括薪酬的激励和约束，调动积极性，避免吃大锅饭。在马蔚华看来，提高工作效率即可以提高收入水平。重建内部管理，仅仅是马蔚华正在重点推动的发展战略的一部分。

除了管理，壹基金接下来的战略目标也发生了变化。在马蔚华接任理事长的壹基金理事会上，从之前三年的聚焦灾害救助、儿童关怀和公益支持，调整为接下来三年聚焦灾害救助。

3月17日，壹基金召开全体会议。晚上，马蔚华戴着统一的黄色蜜蜂帽，再次讲解新的三年战略。最后，他送给壹基金团队三句话：不知未来者无以评判当下，不知世界者无以理解中国，不知宏观者无以处理微观。这并非马蔚华第一次说出这三句话，不过之前都是以招商银行行长的身份表达这样的观点。

马蔚华重视发展战略。担任招商银行行长时，他曾总结自己的战略观：比别人早三五年知道市场需求的变化，早一点；快一点研究适应需求的产品，快一点；把产品做到最好，好一点。

担任壹基金理事长后，马蔚华马上向壹基金的理事会和秘书处抛出了制定中长期战略的布局。马蔚华告诉宋厚亮："企业都有一个发展战略。壹基金也应该有一个比较远的理想和中长期战略。"所谓的中长期就是指三五年。

杨鹏介绍，2013年，壹基金受益人75万人，志愿者6万人，捐赠人250万（含6061个企业），捐赠人次5668万人次，捐赠收入5.2亿元。按13亿人都公益起来的宏大目标，壹基金公益事业刚起步。

马蔚华认同李连杰制定的"人人公益，尽我所能"的愿景。马蔚华希望实现"人人公益"，让壹基金成长为中国和世界都是捐赠人最多的慈善机构。"如何把这个愿景变成一个真正的现实，需要有一系列的战略目标和措施。"马蔚华说。

制定战略，并非马蔚华独自去做。"战略不是少数人在屋子里做出来的，做战略不是简单地找几个'秀才'写文章。"在壹基金内部，马蔚华就他所期待的战略谈了两次，接下来则是内部全员参与讨论，让每一位员工增加对战略的认同感。

2014年年中，壹基金理事会召开，该战略将提交理事会表决。

重塑：引入现代企业制度

在研究了西方尤其是美国的基金会管理制度后，马蔚华发现，利用现代企业制度管理基金会，是重要的倾向。同时，他也认为，企业家参与慈善机构的领导和管理，主要价值就在于企业家的思维方式、管理理念和手段。在管理体制上，他更喜欢像董事会领导下的CEO负责制一样，建立理事会领导下的秘书长负责制，从而建立一个高效的决策机制和执行力量。

马蔚华执掌的壹基金，有着宏大的抱负，它要成为中国捐款人数最多的慈善机构，实现人人公益。募款，尤其是人人公益，仍受限于募款理念和制度。马蔚华认为，每一个捐款人，哪怕是捐一角钱、一元钱，都是壹基金的主人。“用商业银行的话来说，他们都是客户，都是我们的‘上帝’，都要服务好，让他们有权或能够知道他们捐的钱用到哪儿去了。捐款人有主人感，才能提高壹基金的公信力。”

“因您而变”，原是招商银行的经营理念。马蔚华将这句话转赠壹基金团队，他对壹基金团队说：“‘因您而变’这个理念，实现了从以产品为中心到以客户为中心的转变。壹基金也要开创这样的进程。我们要把每个人都当成客户经理，把捐款人当成客户。我们必须因他们而变，用心唤起人们的公益之心，用心做好捐款人的服务工作，让他们感受到即使捐一块钱一毛钱也能知道用在何处。”

马蔚华希望做出的一个崭新尝试是，按照商业银行的客户服务体系，建立捐款人的服务体系。例如，有的客户经理专门管理航空公司的捐赠，有的客户经理专门管理银行信用卡的捐赠，有的客户经理专门管理支付宝募捐。而在慈善机构的另一端——受助方，也要实行客户经理制，负责与

NGO一道，用好善款，用出效益。

在财务和监管方面，马蔚华强调要像上市公司一样管理，建立信息披露平台，加强内、外部的审计监督制度。因为这几方面目前都是法律空白，马蔚华希望壹基金团队大胆实践，搞财务的，经过3年，写一本书，就是中国公益慈善的会计准则，搞审计的，写一本书，就是中国公益慈善的审计准则，从而填补空白。

在杨鹏看来，马蔚华当壹基金理事长，会将银行客户服务的数字化精细管理经验和模式带入壹基金，可以强化壹基金捐赠人的服务能力。

“世界瞬息万变，如果你能够创新，也就能够把握机会，反之则有可能成为障碍。”马蔚华说。

为了应对瞬息万变，唯有创新产品和服务，走在别人前面三五年。马蔚华在招商银行时，总能做到这一点。这就需要为公司团队创造环境和动力持续学习。马蔚华介绍，执掌招商银行时，总行的高管每年都要集中学习至少四次，并送他们到沃顿商学院、剑桥大学商学院等世界一流商学院培训。现在，马蔚华则开始建立壹基金的人才储备和培养梯队，并将部分员工送到哈佛大学、耶鲁大学等大学培训。

为了实现培养公益人才的目标，马蔚华正在和一位国际慈善家沟通，在中国建立一所公益大学或学院。

马蔚华的另一项创新是网络公益。前几年，壹基金的募款更多依赖传统模式，马蔚华毫不掩饰地表示，网络公益应该更早推动。“这也需要我们不断推出公益产品、公益服务方式，让每一个人感到新鲜，激发他们的参与感，让人愿意接受你的服务和产品。”

挑战：万事开头难

在担任壹基金理事长之前，马蔚华还担任了香港永隆银行董事长。永隆银行是香港的中型银行，马蔚华执掌招商银行期间，被招商银行并购。这一块，马蔚华驾轻就熟。何况，相对于行长，董事长更轻松。其他的商业事情，他也不再参与，重要的事情就是把壹基金做好。

为了壹基金，马蔚华说，走到哪就宣传到哪。

3月22日，中国发展高层论坛召开，马蔚华出席，见到联合利华和IBM的领导，介绍自己执掌壹基金，获得合作意愿。

杨鹏认为，“马蔚华热情豁达，管理经验丰富，关注社会自治能力发展，他会给壹基金带来新的发展力量。”这也几乎是壹基金人的共同认知。他们对马蔚华的领导，极其期待。不过，如马蔚华所说，不会一帆风顺。

在今年全国“两会”上，马蔚华依旧受到媒体的追逐，不过主题都是与金融有关，尤其热议的是余额宝。“媒体都跟我说这个，一见面，第一句话全是对余额宝有什么看法。”他关于余额宝的观点也被媒体热炒。不过，他关于公益的表述，除了公益信托之外，则鲜有媒体关注。在政协会议小组讨论时，马蔚华介绍自己的壹基金理事长的新身份，很多人瞪大眼睛表示错愕。做了发展慈善的发言，之后被组长推荐到联组会议上发言，媒体始终没有跟进报道。

这给马蔚华带来的最直接感受是，“媒体只报道热点，慈善说完了没有报道，说明慈善在中国是不热的。”他也由此看到新的困难，“你想，媒体都是这样的态度，社会也会是这样的态度。”

有人问马蔚华：过去当招商银行行长的时候，都是别人找你贷款；现在当壹基金理事长，需要找别人募款，角色发生了非常大的转变，你适应吗？

马蔚华坦言：“求别人的事儿，又缺少法律、政策和制度支撑，自己也缺少经验，肯定是万事开头难。感觉这个事儿不像当行长那么火。”

这种近似冰火两重天的遭遇，许多商界大佬都经历过。老牛基金会创始人牛根生，在企业家群体中谈论慈善，颇显孤单，因为其他企业家尚无如此彻底的转身。华远地产董事长任志强参与的慈善机构众多，即便是深度参与，也少见媒体和公众关注。

壹基金在和央企募捐合作时，得到的答复是：他们是央企，不和民间慈善机构合作。

马蔚华并不悲观，他相信，企业家尤其是民营企业家，会越来越多地参与进来。

万事开头难，马蔚华说自己是如履薄冰。

对话马蔚华："郭美美事件"促进慈善思想解放

（采访时间：2013年3月26日）

社会转型需要公益跟上

宋厚亮：壹基金的理念是人人公益，你怎么看这句话的价值？

马蔚华：李连杰创办壹基金，理念是人人公益，人人都有做公益的机会，不光是大款，有钱人、精英，每个老百姓都能随时随地献爱心，都能尽我所能做贡献。

宋厚亮：近一年，你考察研究了国内外的公益现状，总体来看，国内公益的问题是什么？

马蔚华：公信力不足，有种种缺失，制度、法律不健全、不完善，或者根本没有，缺少对公益的一系列支持，缺少公益人才。

宋厚亮：中国正处于快速转型期，公益可以扮演怎样的角色？

马蔚华：经济社会转型，给公益事业带来非常大的发展空间。在一个良性的社会结构中，必须有改革的政府、创新的企业、批评监督的媒体和博爱的公益组织。

在发达国家，一般把慈善事业叫作第三次分配。在理论上，国民收入我们讲经过两次分配，初次分配和再分配。他们又讲了第三次分配，甚至将来还有第四次分配。他们把慈善事业看成是一个拉动消费、促进就业、推动经济发展的动力之一。

在社会转型，特别是向市场化转型过程中，政府不可能包揽一切，特别是对社会的管理，政府要逐渐交给社会组织、公益组织。过去为什么出现“郭美美事件”？也是缘于社会转型中公益慈善跟不上，是现有的公益慈善机构缺少公信力造成的。

宋厚亮：“郭美美事件”一度搅动中国的公益慈善，你怎么看这个事件？

马蔚华：我觉得“郭美美事件”的争论、讨论，实质上是一场关于公益慈善事业的思想解放运动。经历了那场讨论、辩论，大家知道了中国公益事业的现状、矛盾、必然性和未来发展的方向以及一系列政策诉求。要是没有这样一个事件，没有这一场争论，可能大家对公益事业的了解还是很平淡。通过这个思想解放，更多的人对公益有了了解，或者有了新的了解。

宋厚亮：最近几年政策松动不小。

马蔚华：进入本世纪，特别是这10年，社会的开放程度越来越大，社会管理和社会创新应该是公务政策的基调。现在越来越多的领导已经认识到社会管理和社会创新与社会经济发展的关系。现在许多改革，过去有很多我们不可思议的事情，现在都在逐步推动。

越来越多的人主张发展公益慈善事业。政府已开始深化改革，中共十八大和今年的全国“两会”明确写了发展公益慈善事业。社会转型需要它，有关方面也在逐步放宽政策。对公益组织的审批，不像以前，已逐步下放权力。这是大好形势。

公益机构需要双重审批，我觉得不符合今天的形势，应该对公益组织的审批注册进行重大改革。按照目前李克强总理的改革精神，减少政府审批权，连上市公司将来都实行注册制，办一个公益组织，也不拿国家的钱，我觉得就应该采取直接注册备案制，取消现在的民政部门和主管部门的双重审批。

宋厚亮：慈善法呼唤了很多年，一直没有出台。

马蔚华：现在还有很多不足，比如，比较权威的全面的慈善统计体系、指标都没有，更何况法律、制度的不健全。对公益慈善组织的政策支持或监管、评价，都还是缺失的。百废待兴。

我们还没有一个社会慈善捐赠的统计体系，所以现在说慈善占GDP不到1%，很难说是准确的。美国是将近10%。我们的基金会有3192家，包括公募和私募。美国的基金会有两个数字，一个是6.6万，一个是12万。即便是6.6万个，我们和他们也不在一个水平上。美国享受豁免税收的慈善组织，在1998年就有120万个，到现在多少万？我们只有148个。我们要经过中央几个部门的审查，像民政部、财政部、税务总局。现在政府减少审批权，这个应该首先下放，下放给省里。

慈善事业在转型

宋厚亮：近年民间慈善兴起，中国的慈善事业是否也在大转型中？

马蔚华：慈善事业也在转型，西方社会经历过。第一，由政府包办的转向包括政府、民间的全社会都去做；第二，从精英向平等的、人人参与的社会公益转型。慈善事业正在变成社会都认可的、社会必不可少的一部分。

我们的慈善思想最早，2000年前就有了，“穷则独善其身，达则兼济天下”，从孔子孟子就有了慈善思想基础。但在很长的阶段内，捐款是为了免灾，是为了心理解脱，捐款是施舍，这个阶段和我们目前公益的新阶段是不一样的。现在越来越变成大众的、平等的、普惠的。

宋厚亮：除了法律政策，阻碍慈善行业发展的问题还有哪些？

马蔚华：最大的问题是如何唤起社会对慈善足够的重视，包括媒体。如何让整个社会都参与，特别是和社区建设结合起来，实现人人公益的愿景，这是努力的方向。

宋厚亮：作为企业家，在你看来，企业家参与公益机构的领导和管理，可以给公益机构带来哪些创新？

马蔚华：最大的一点创新是，企业家的思维方式、管理理念和手段。西方也都是这么做的。

宋厚亮：现在有一些企业家以公益慈善平台参与到社会建设中，你怎么看这股力量对中国转型的价值？

马蔚华：参与的企业家越多，本身就是社会的进步，这种社会进步会促进社会和经济转型。政府不能越管越多，特别是社会的管理，扶贫、敬老、教育和文化，这些不是政府都能管得了的，希望交给社会管理，基金会参与管理。所以，企业家越来越多地重视、参与，社会有越来越多的公益组织、基金会，就会有越多的能力。

企业家能够参与公益事业，捐出自己的财富、资产，我觉得这件事实质上做到位了。这都是他们的社会责任，都是公益慈善的精神。至于形式，有的张扬一点，有的沉稳一点，都是可以的，关键是不是为慈善做出了实际的贡献。

宋厚亮：在今年的全国“两会”上，你提交了《关于我国公益慈善基金管理制度引入信托机制的提案》。怎么看公益信托的价值?

马蔚华：这个在西方已经很成熟了。慈善组织不断增加，规模迅速扩大，但慈善基金的管理结构还是很落后的，角色是缺失的，基金组织不能既是受托人又是管理人。公益信托的关键就是所有权、使用权、管理权三权分离。资金的所有人是所有捐款的，使用权是最后给那些被捐赠的人，管理是这个团队的专业化管理。通过信托关系，确定捐赠人、受托人、托管人、管理人，把每个不同的人的角色确定下来。第一，产权管理明确，第二运作更加透明，第三更加专业化。

金融改革的风险

宋厚亮：最近，中国银监会公布了首批5家民营银行试点名单。怎么看民营银行的突破意义?

马蔚华：民营银行肯定是中国金融改革的一个重大突破，因为过去民间办银行一直不允许，过去法律都没有开这个口。十八届三中全会以后，能够把牌照给民营企业，办完全纯民营银行，这是中国金融改革很大的一个突破，而且也相对实现了打破垄断，让民间资本参与，丰富金融市场所有制成本的内容。另外也能增加市场的竞争力。我觉得这肯定是一个非常有意义的事情。所以我们那些民营企业家也都非常高兴，欢欣雀跃，争前恐后地要做。

宋厚亮：作为知名的金融家，你对民营银行的发展怎么看?

马蔚华：这是应该高兴的事。但是做这个事情，脑子里不能全是乐观。银行是经营风险的企业，谁做银行都有风险，经营风险本身就是跟风险打交道，每天都在处理平衡，就是风险和收益之间的平衡。既然是银行，就身负重责，银行吸收公众存款，如何保证公众的利益?

也要冷静分析今天的经营环境。今天在发生变化，全国银行的净利润增幅最近三年从30%下降到20%、10%，会不会继续降？这是不确定的。风险在积累。

宋厚亮： 接下来两年要推动利率市场化，这项改革的风险有哪些?

马蔚华： 老是说加快利率体制改革，说18年了，再过两年就是20年。我觉得利率市场化是必要的，是金融改革中非常关键的。当然风险也比较大。美国在1985年完成利率市场化，从1986年到1990年每年倒闭近200家中小银行。台湾利率市场化后，全行业亏损。韩国利率市场化后，不良率翻了一倍多。有很多教训。中国利率市场化就能够安然无恙吗？不见得。我们也会遇到一些风险，要做一些准备。

10

曹慰德

曹慰德，1957年出生，家族企业万邦集团第二代。

曹慰德：船王百年，富过四代

新加坡万邦集团董事长曹慰德接班20年了。

20年前，37岁的曹慰德从父亲曹文锦手中接过家族企业的权杖，掌舵万邦的航运、工业两大主业。70岁的曹文锦，香港“四大船王”之一，没有像他的同龄人李嘉诚、李兆基等人那般仍牢牢掌握家族企业，他逐步退出。

曹慰德一家，后排右一为曹慰德

这是一个富过四代的家族。一百年前，曹慰德的曾祖父曹华章，在上海凭一条小船起步，到第二代曹隐云已是上海的知名企业家，富甲一方。1949年之后，曹家离开内地，在香港，曹文锦重拾祖业，成为家族中兴之掌门人。

20年过去，曹慰德将家族企业的规模扩张了十多倍，已达数百亿元。他低调做事做人，在中国内地鲜为人知。他先后两次接受笔者的采访，第一次长谈3个多小时，第二次则纵论5个多小时。对于家族企业的现状，他不愿多谈，原因是不和他人相比。而对于家族企业传承的方法论，他则说得头头是道。

相比这些，采访中，曹慰德更愿意谈的是“思想”。他像个思想家和布道者，滔滔不绝地谈论资本主义、经济转型、精神文明、世界观、价值观，以及“修身齐家治国平天下”，他最新提出的思想是“觉悟的资本主义”，目前正在写一部这个主题的书。他喜欢读古典经济学创始人亚当·斯密（Adam Smith）的《国富论》，他也喜欢读《大学》《心经》和《道德经》，每一本都读了多遍。他的朋友既有研究量子物理学的科学家，也有儒释道的名家，例如新儒家代表杜维明。

曹慰德说，富过三代之后，他的关注点不再是财富，而是意义和文化的传承。“打破‘富不过三代’之魔咒后，就知道传承并不是传承企业，也不是传承家族，而是传承人类文化精华。家族企业的传承，不是交给一个人的问题，它是一个过程，包括传承世界观的进化、文化的进化、组织的进化、人才的进化，这样才能联系得更好。家族企业必须思考这些问题。你好、我好、大家好，这是可以持续的；我很好，大家都不好，可持续吗？”

起：富甲上海一方

黄浦江的夜晚，风急浪高，曹华章驾着一艘小木船，穿梭于外国轮船和码头之间，接送乘客和水手。炎热的夏日，他还要把这艘破木船拖到河滩，一遍遍给木船漆上桐油。

曹华章家境贫穷，他的大哥幼时被送给了别人。他成了家里的大哥，长子如父，承担起养家糊口之责。虽然苦不堪言，但家庭生活向好，他的小木船也从一艘增加到两艘、三艘。伴随着上海的日渐繁华，曹华章不再接送水手，转为接运货物，他还拥有了账房办事班底、码头、储运仓库和卡车。

曹隐云出生时，曹家已是小康之家，日子红红火火，事业蒸蒸日上。曹隐云因此接受了不错的教育，在外国人开办的学校学习，掌握了英文。中学毕业，除了帮助父亲的船运，他在一家英国人开办的公司学习进出口生意，一步步升为高级经理，成为当时最为炙手可热的买办。

一时间，父子两代都在各自业界崭露头角。曹华章办起了运输公司“曹宝记”，业务扩张，遍及长江沿岸。曹隐云在上海租界开办了一家中小银行——中国劝业银行，此外，他还自己开办了一家进出口公司。他的妻子曹吴娱萱出身富贵之家，精明能干，独自在南京路开办规模很大的“天宝成银楼”，员工多达70多人。

曹文锦的成长时期，他进入上海圣约翰大学学习经济学专业。圣约翰大学的学生，以官员、商人的子女为主，大名鼎鼎的企业家荣德生的儿子荣毅仁也在该校就读。1945年，20岁的曹文锦大学毕业，他和同校的教育学毕业生周美琦结婚。同时，开始接受商业训练，他被视为家族的接班人，无论是祖父的船运，还是父亲的进出口和银行，他都要一一学习。每天上午，他到一家中小型银行学习银行业务；下午，到一家瑞士人开办的洋行学习进出口贸易；晚上，他还要到祖父开办的运输公司学习航运业务。在回忆录《我的经历与航运六十载》中，曹文锦回忆，“一天跑三个地方，确实相当辛苦。不过，我明白自己作为长子的责任。所以再辛苦，我也硬着头皮，支撑下去。”

很难想象，打小生活安逸的曹文锦能吃得苦中苦。抗战胜利前的几个月，通货膨胀严重，挤兑风潮持续，银行工作从早上持续到夜里。夜里工作时，为了不招惹麻烦，需要把银行的窗户堵死，密不透风，酷热难耐，曹文锦和普通柜台员工一起，光着上身，穿着短裤，汗流浃背地清点钞票。

经历了“活受罪”的训练后，曹文锦进入家族企业。抗战胜利，曹隐云的生意愈加庞大，进出口生意已在广州、福州、青岛、天津等地开设分公司。曹文锦受父亲指派，虽不懂粤语，仍远赴香港，在中环开了间分公司。

1948年，蒋经国到上海“打虎”，命令上海各家各户把金银首饰、外国证券和外汇等全部兑换成金圆券，违令者枪毙。眼看着两代积聚的家产将毁于一场运动，23岁的曹文锦年轻气盛，瞒着父亲，将母亲经营的金银珠宝，先转移到广州分公司，再换成港币存入香港银行。这批金银珠宝，折算成价值近十万美元的金条。据后来香港媒体计算，这些财产仅占其家产的1%。

事后，曹隐云知晓此事，吓得脸色苍白，惊惧地说：“这可不得了，让人家知道，是要杀头的啊。”曹文锦倒是如初生牛犊一般，并不害怕：“事情是我办的，要枪毙，也是枪毙我。你们要是害怕，就带着弟弟妹妹去香港吧。”

蒋经国的打虎无疾而终，但随后，解放军的百万雄师很快到来。作为富家大户，曹家选择了远走香港。曹文锦原本以为到香港不过是暂避风头，过几个月还是要回来的，因为在他看来，无论哪个政权，都需要贸易和商业，都需要商人。他们撤走时，整个公司的产业，以及房产、股票都没有变现带走。

很快，事情的发展让他悔恨不已，他的判断完全错了。曹隐云此后终生未能再回到祖居地，后来定居巴西，客死他乡。曹文锦再回上海，将是30多年后的事情了。曹家没有机会回内地了，积攒了几十年的庞大财富，再也不属于他们了。好在1年前转移到香港的十万美元金条救了全家，只是如此下去，只能坐吃山空，他们需要另谋新路。

承：香港四大船王之一

从内地涌入香港的人越来越多，做房地产生意最有市场。不过，痛心于留在内地的地产，曹氏一家是一朝被蛇咬，说什么都不敢再碰地产。而曹文锦一直对航运有着浓厚的兴趣，“做梦都希望拥有两艘船”。当时，香港的航运界，华人所办的航运公司，只有许世勋家族的顺昌航运、林锦家族的捷盛航运，以及从上海迁到香港的董浩云，他们也仅仅只有两三条旧船。

曹文锦联系到留在天津的分公司，得知内地的土特产运不出去，急需的汽油、橡胶等化工产品又运不进来，为了物资交换，特意在山东开放了一个小港口。他毫不犹豫地与朋友一起，合租了一条小轮船，搞到一批货物，运往山东。

曹文锦开始了创业，像他祖父一样。

从香港到山东，他的小型旧货轮在海上颠簸前行。这是一段冒险的行程，货轮随时可能在大风浪的打击下遇险，其危险和辛苦，远高于曹华章的创业。曹文锦虽也害怕，仍咬牙坚持，背水一战。很快，他又开拓日本市场，在香港、山东和日本三地往返运输，一趟下来，时间长达三个月，家人则是望眼欲穿地等待。

抗美援朝，内地对钢材、汽油更加急需，曹文锦抓住机会大赚一笔。他用40万港元购入一艘1200吨的旧货轮，成立大南轮船公司，开启了正式的航运事业。很快，他又用98万港币购入第二艘旧货轮。短短3年，他在香港站稳了脚跟，也实现了前些年拥有轮船的梦想。

1953年之后，中国进入各项运动时期，曹文锦失去了内地市场。而因为和中国内地的运输贸易，大南轮船公司被美国列入黑名单，禁止进入美国的港口，禁止和美国公司业务往来，禁止用美元结算。此后的近十年，大南一度陷入困境，步履维艰，直到1962年美国从黑名单中删去大南。

当时，香港华人的航运，所用船只均是船龄三十年以上的旧船，其来源都是欧美国家用过之后，卖给希腊的航运公司，希腊用了多年，再卖给香港。旧船需要年年翻修，费用不菲。曹文锦的日本业务伙伴、日本山下汽船公司代表粟林二郎建议他造新船，这是他梦寐以求的事情，奈何造新船耗资巨大，又无法向银行贷款。他的另一位日本业务伙伴、日立造船厂的驻港代表森冈帮助他解决了这个问题。森冈对他说："我很希望帮助你建造一艘新船。你们虽然没有钱，但人靠得住。我准备向日立董事会打个报告，准许你们分期付款。"在报告中，森冈写道，"曹先生虽然没有钱，但他很努力。若现在能帮帮他，将来曹先生站起来，将会是日立造船很好的客户。”

在日立造船厂及其他朋友的帮助下，一条造价300万美元，载重1.25万吨的新船造成了。

此前，只有董浩云的船厂造出了新船。大南是第二家。他蹚出的路子，给没有经验、资金的同行提供了经验。包玉刚对人说，“只要看曹文锦的路怎么走，你就怎么走。”包玉刚成为第三家造出新船的船东。1966年，大南的另一位创始人退出大南，曹文锦独自创办了万邦航运公司。从此，香港的航运时代来临，宁波籍的董浩云和包玉刚，江苏无锡人赵从衍和上海人曹文锦，成为香港“四大船王”。

随着香港的崛起，房地产业助推李嘉诚、李兆基等成为华人巨富，而曹文锦在香港一直未敢涉足。他回忆：“而我明知在香港做房地产，可以达到事半功倍的效果。但一想到当年，我家的不动产在一夜之间化为乌有，我便打定主意，不在香港发展不动产，从而失去了大好良机。这不能不算我的一个失策吧。”因为没有布局房地产业，曹文锦的财富与其他财富巨子的差距越来越大。

在以香港为大本营开拓航运时，曹文锦也在东南亚发展其他业务。他在马来西亚成立了纺织厂，开始了另外一项创业。二三十年后，他在当地拥有三家公司。马来西亚航空公司、新加坡航空公司的女服务员的制服，均由他的纺织厂供货。他还在马来西亚参与成立马来西亚国际航运公司、马来西亚造船厂等大企业。他还与他的好朋友、另一位著名华人企业家郭鹤年一道，各捐资25万元创立海事学校，培养航运人才。曹文锦和马来西亚的政界关系良好，获得过“丹斯里”的荣誉称号。

1986年，新加坡经济不景气，李光耀邀请香港的李嘉诚、郑裕彤、邵逸夫、周文轩和曹文锦等前去投资，周文轩建议为其建造国际会议展览中心，并获得许可。大家推举曹文锦担任董事长，负责项目实施。最终，该项目投资15亿美元，建成后成为新加坡地标建筑。曹文锦的长子曹慰祖，在著名华人建筑师贝聿铭的建筑事务所工作，负责了该项目的选址和设计。

同样是在1986年，泰国政府的国际船务公司濒临破产，泰国财政部的一位司长邀请曹文锦接手，挽大厦于既倒。虽然为难，但政府出口无法拒绝，他只得接下来。好在此时他的次子曹慰德正在泰国创业，做棕榈树的种植和加工，生意做得不错。曹文锦索性将这个烫手山芋交给了曹慰德。几年后，年纪轻轻的曹慰德将这家公司扭亏为盈，私有化之后，在泰国曼谷证券交易所上市。泰国也成为曹家的重要市场。

转：接班后的二次繁荣

在香港站稳脚跟后，曹文锦先后育有四个子女，长子曹慰祖，长女曹慰萱，次子曹慰德，次女曹慰亲。因为曹文锦忙于创业，子女在中学时代就被送往美国、加拿大上学，接受了美式教育。曹文锦后来相当内疚，认为如此早送孩子出国“是一个很大的错误”“使他们完全没有接受到中国传统文化的教育”。

曹慰祖毕业于哈佛大学设计学院，追随贝聿铭，做了建筑设计师，北京的香山饭店、香港的中国银行大厦，都出自他的手。后来，他独自创业，在纽约成立TsAO & McKOWN建筑设计事务所。如今，他已是知名的华人建筑设计师。曹慰萱和曹慰亲都没有参与万邦业务。曹慰萱在美国当儿科医生，当她的祖母拿出多年股票投资资金成立“曹氏基金会”后，她回到新加坡执掌这个家族基金会。曹慰亲先是在一家银行工作，后来回归家庭。

这三兄妹对家族企业并无多大兴趣，家族企业的传承和接班落在了曹慰德的身上。

曹慰德一家，左一为曹慰德

“我的次子曹慰德天生对发展企业有兴趣。”曹文锦表示。1957年出生的曹慰德身材魁伟，卷发，戴一副眼镜，有着一股子艺术家的范儿。他在北美接受了良好的教育，加拿大读的中学，美国读的大学。回忆上大学，曹慰德向笔者透露，自己很不用功，不认真听课，很多课都不上，总是请女同学喝咖啡，然后拿别人的笔记抄一抄。

20岁，曹慰德从美国密歇根大学毕业，进入万邦航运，职位是见习生。曹文锦说：“我对他的要求是很严格的。让他加入公司时，我只让他做工程部见习生，使他熟记每艘船只的结构资料，一年后再让他轮流到各个部门去观摩学习。”当时的曹慰德很调皮，喜欢在公司里问这问那，导致不受大家欢迎。21岁时，他向父亲借了300万美元，去泰国做棕榈油生意。曹文锦起初并没同意，最后还是他的助手劝说，方才借钱给儿子。但让父子俩都没有想到的是，单枪匹马的曹慰德，经一番努力打拼，竟在数年之内用300万美元赚回2500万美元。当他带领泰国国际船务公司上市后，他的个人财富再次飙升，从2500万美元增加到2亿美元。他后来加入泰国国籍。

随着曹文锦的年岁越来越大，接班的问题愈显突出，他让曹慰德回到万邦，并推动公司内部改革。对于接班，曹慰德跟父亲说：“我知道你希望我接班，不过接班人的时间表不是上面挑的，是当事人挑的，只有他自己知道能不能接班。不能你说他接班他就接班，他的能力可能不够呢。”于是，父子俩制定了一个五年接班计划。

这段时期，曹慰德称之为“一个饭碗，两双筷子”，这让下面人很难做事。为了避免父子冲突，曹慰德的对策是“挑战事实，不挑战权威”。他先是按照父亲的意愿做事，多次行不通之后，父亲不得不由儿子自己主张。“两次不通，他不好意思了，他问我，你说怎么做？”曹慰德说，“过一段时间，如果我的能力强，当然是传给我。因为开会的时候其他人都听着，你说这样做，没有做通；你儿子说那样做，做通了。”

曹文锦也逐步认可了儿子的经营管理才能。他说，“他（曹慰德）自从负责航运业务之后，即运用他的现代化管理方式，对公司进行一系列的改革。我相信他那套现代化的管理方式更科学、更合理。”

不过，曹慰德在接班的时候，并没有像其他家族那样直接从父辈那里继承财产权和领导权。“我一直跟父亲强调说，钱是可以分的，但企业不能分，因为要对很多人负责任，我可以把你的企业买过来，你把钱分给我的兄弟姐妹。”此时，万邦航运市值在3亿美元左右，而曹慰德已有2亿美元的资产。于是，他向银行贷款，又向父亲借了一部分钱，终将万邦航运买下。

1994年，在担任万邦航运执行董事五年之后，曹慰德正式接替70岁的父亲，出任董事长。接班后，他把企业总部搬到了新加坡，将万邦航运重组为万邦集团，并实行多元化经营。现在，万邦聚焦三大领域，分别是工业、投资和房地产。工业包括船运、船厂、海运投资、物流、离岸工程、采矿矿产、天然能源及贸易等，投资主要集中于采矿与矿物、石油与天然气、可再生资源与种植园等核心业务。在中国内地，他在上海和苏州均开发了房地产，在青岛开发了万邦中心、铁矿石码头，在都江堰投资旅游度假区，在大连则开发港口、房地产等。

身为曹氏家族第四代，曹慰德的能力得到家族的一致好评。他的姐姐曹慰萱对笔者说，曹慰德把企业做得很好，她以此为豪。曹文锦更是表示，“他是我万邦集团公司最适合、也是最得力的接班人。”

合：富过四代之后的觉悟和境界

如今，曹家第五代也已经成长起来。曹慰德有一儿一女。儿子已婚，在美国一所大学教书，研究方向是胎儿的脑发育。据曹慰德介绍，儿子工作之后，他就不再给予资金支持，儿子儿媳目前住在一套只有50平米的小房子里。“你做研究，就在研究的方面好好做。”曹慰德对儿子说，“你挑选什么样的生活，就过什么样的生活。每个人都要为自己的选择付出代价。”不过，他的女儿对商业颇感兴趣，大学读完人类学专业之后，在万邦工作了四年，现在则考进哈佛大学商学院读MBA，毕业之后，她将像父亲一样，先在外面工作，再进入家族企业。

接班之前，曹慰德一直在想，自己为什么要接班？为什么要继续做家族企业？因为他已经很有钱了，而接班家族企业将是一件非常辛苦的事情；在家族企业的世世代代中，他应把家族企业带向哪里？同时，他又看到各国发展的诸多问题，一时让他无解。他希望边做家族企业边解决因商业而引发的生活方式和价值观问题。

就在接班的1994年，曹慰德在新加坡捐资成立非营利组织“东西方文化发展中心”，主要目的是研究现代性与可持续发展。该中心的宗旨是：至诚为本，整体依存，主动调整，动态平衡，和谐创造。

35岁时，已是万邦航运执行董事的曹慰德，开始系统研究管理学。遍翻中外管理书籍后，唯有中国一本古老的《尚书》，让他痴迷不已。“在《尚书》里，现在管理学的内容它都有；现在管理学没有的东西，它更有。”曹慰德说。他的中文基础并不扎实，为了更好领悟《尚书》的精髓，他找出英文版、中文白话文版和中文文言文版，对照着学习研究，自此对中国的儒释道文化产生了浓厚兴趣。

曹慰德以中国的“阴阳观”分析，认为资本主义世界是阳盛阴虚，需要补阴，即重视精神层面的境界，从而发展出一套新资本主义，也就是他现在提出并积极倡导的觉悟的资本主义。

2012年，曹慰德又捐资2500万元，和清华大学教育学院合作，成立“东西方可持续发展研究中心”。“我们是研究将来，大部分学校是研究过去。”曹慰德强调。不过，这并不意味着他看好当下中国的文化现状。“现在，我在中国很难找到中国文化，我能够找到中国人谈中国文化，却很少看到中国人活在中国文化。中国文化伟大，只是我们没有去用。”刚刚成立的东西方可持续发展研究中心，其成员并非由清华大学的教师组成，而是将汇聚全球研究中西方文化的学者，为中国的现代性寻找

曹慰德

可行性的出路。目前的一大课题是“21世纪中国人应该是什么样的”。

最近，曹慰德正在向民政部申请注册曹氏基金会。这个基金会主要业务包括三块，一个是继续支持清华大学“东西方可持续发展研究中心”；一个是资助恢复阿坝州当地的传统文化和探索老年人养老模式；一个是支持社会影响力投资机构“浩盈投资”投资社会企业。

在资助研究觉悟的资本主义和觉悟的生活方式的同时，曹慰德表现出足够的境界。他没有中国内地第一代企业家的高高在上，也没有第二代企业家的飞扬跋扈，他把姿态放得和平常人一样。言谈间，有着丰富的表情和手语，不会让人感觉他是一个身家几百亿的富豪，而仅仅是一个视野开阔的、有活力的学者。

更重要的是，多年来，他一直打坐觉悟，以前打坐一次可达8个小时，如今则是每次半个小时左右。

对话曹慰德：家族企业不做慈善，就没有家族灵魂

（采访时间：2014年6月26日）

谈家族慈善：家族需要平衡跟社会的关系

宋厚亮：无论是欧美，还是华人社会，传承多代的家族企业，在慈善方面都有重要的成绩。你怎么看家族企业传承和慈善之间的关系？

曹慰德：我们做家族企业的很明白，不做慈善，家族里面的灵魂不会出来。我做慈善，不是乱做慈善，不是把灵魂做坏。

宋厚亮：家族慈善也可以继续提升家族的荣光。

曹慰德：慈善的英文翻译是对人类的爱，不仅仅是慈善。那么，爱是什么？爱是一种很实际的智慧，怎么让你好、我好、大家好。慈善不是一种什么感情，我做完了我很舒服，不是这样。它有意义在里边，是一种爱的培训。家族企业持续，跟人类一样，是靠爱来持续推动的。如果家族企业不是用这个推动力，还是像第一代的靠野心、恐惧作为推动力，就要失败。

宋厚亮：你在美国读大学，并在欧美有公司业务，怎么看欧美国家的

慈善跟宗教文化之间的关联？

曹慰德：在欧美，很多人的家族企业有了钱，也做慈善。因为他感觉到，他富有了，他要给社会一点。他们想为什么富有，这个是神给的使命，因为他是神挑选的人，所以很多富有的人都会做慈善工作，因为他感觉他是神挑选的，他的工作是为神做的。所以不同的世界观，带来了不同的内心。我们知道，我好，大家不好，我们不会好。这个是小孩子一看就会知道的，这个是人心，这个是天命。你知道我为什么要做慈善？

宋厚亮：愿闻其详。

曹慰德：一个家族企业有了钱，钱是资源，企业、关系都是资源，家族里面的人才、企业里面的人才都是资源，但人类最大的资源是什么？智慧。我们的进化是智慧的进化，世界还有战争，智慧进化得不够。家庭是什么？家庭是我们开始学爱的地方，父母爱孩子，天生的；孩子爱父母，是孝和报恩。我们要学爱、学孝，孝都不会，人生没有幸福。所以什么是境界？从恐惧的境界跑到爱的境界，爱的境界不同，齐家治国平天下是爱的境界，慈悲心、菩提心是不同境界的爱和智慧。

宋厚亮：爱在家庭中悟到。

曹慰德：我悟到一件事，为什么在家庭中学习爱最好，因为家里的人会刺痛你，他讲一句话会刺到你心里。

宋厚亮：有了爱和境界，慈善跟你个人是怎样的关系？

曹慰德：我们从小受到培养，做人要成功，考试要考第一名，考重点大学。培养成功，学的是怎么干活。即使达到了成功，这个人生一点也不成功，没有学过怎么活，只学了怎么干活，有野心。慈善就是培养另外一种推动力。野心是恐惧的推动力，火的力量在烧我们，要培养水的推动力。恐惧是火的推动力，爱是水的推动力。但是你不懂水，从来没有学过水的推动力，父母、老师、社会都是培养火的推动力。水的推动力是什么？行善，上善若水。做善事不是为了面子，面子又是火的推动力。

宋厚亮：用水来平衡火。

曹慰德：面子不自由，想到面子什么都不能做。做善事不用回报，真正的回报是心灵上培养了许多年的爱，多重要。

宋厚亮：传承多代后，家族更乐于参与慈善，你怎么看这种现象？

曹慰德：慈善是需要的。一个家族需要平衡跟社会的关系，他要对自己的幸运做出解释。其实所有幸运的人，在深层次是内疚的，为什么幸运？生得好，别人生得没那么好。“我很幸运，他不幸运，看着他不幸运，我很内疚。”这个是逃不了的，有钱人家的人，都有这个心理内疚。所以社会力量一定要带动起来。

美国不牟利体系和组织蛮大，听说占经济的10%，很高。中国也需要，为了社会的稳定，这种力量必须存在，不存在不健康。家庭没有不能持续，国家没有不能持续。因为这是爱的表现。所有一切持续的都是从爱过来的，没有爱就不能持续。

宋厚亮：慈善在财富家族中扮演怎样的角色？

曹慰德：慈善是家族企业的体系之一。家族企业的整体关系要理顺，既是家族的关系，家族企业的关系，也是家族企业跟社会的关系。如果没有慈善这些活动，家族企业好像跟外面没办法连起来，那么家族企业跟社会的关系就连不起来。传承时间长的家族企业，都是连得很好。连不起来，进化就不好。家族会说，我们是一个有责任的家族，我们是一个成功的家族，我们是一个德高望重的家族……这种定位会影响家族成员的心态跟境界，什么样的家族带来什么样的境界。不过要做第一的家族，大部分不可持续，因为不会永远做第一的，一山还比一山高。

宋厚亮：中庸。

曹慰德：对呀，你的位子越高，你一定要把自己放得越低，这样可以和谐。如果是你当家，没有忍，当不了家。大家围绕着你，都要拿到好处。位子高，大家可能会恐惧你，家族没有生气，没有活力，没有凝聚力，没有爱。所以忍不住的不能当家。你越高，其实你也越低。公司越大，越要谦虚。上善若水，一定要有智慧的办法。要明白高低长短的关系。中国文化会给全球带来很多好的世界观，因为西方的科学是黑白世界观，中国是阴阳八卦的世界观。

谈家族企业传承：传承是一个进化过程

宋厚亮：欧洲和日本都有一些古老的家族企业，怎么看他们传承的异同？

曹慰德：家族的传承，在欧洲是一个“三脚的凳子”：企业有企业的管理团队，家族有家族的管理团队，还有就是慈善的管理团队。我们的家族企业要跟日本学，因为最古老的家族都在日本。日本的家族的延伸，一定要管理企业、管理家族，还要管理意义。有钱之后没有意义，钱就是负担，钱是资源，企业是资源，没有目标的资源就不是资源，是负担。没有意义，家族是不能持续的。意义是“一碗汤”，家族和企业都在这碗汤里面。

在日本，现在历史最长的家族企业已传到第46代，1300年，叫作“法师酒店”。

宋厚亮：做家族企业跟非家族企业会有怎样的不同？

曹慰德：做一个项目，家族企业干十几年，人家说难，我们说不难，为什么？时间不是我们的一个问题，人家说难，做五年，就感觉太长太难，很多人因为时间长就觉得难，家族企业感觉长不是难，长是长，难是难。其实长了就不难了，把时间压短就变得难了。家族企业过了很多代，反正我做不完下一代再继续做，我能做多少就做多少。

宋厚亮：非家族企业就会被股东绑架，被市场绑架，必须赶紧做完。

曹慰德：我做的项目，每一个项目最起码都要十年的时间。做好一件事情，真的需要十年，加速真的不行，做出来一定是有后顾之忧的。家族做长期的事情。

宋厚亮：现在的家族企业传承，相较于之前，是否更加容易？

曹慰德：家族企业传承，到现在为止，80%不成功，20%才成功。不过越来越差，越来越难。

宋厚亮：为什么？

曹慰德：环境恶劣。

宋厚亮：环境恶劣是指企业间的竞争更激烈？

曹慰德：不是竞争，是整体变动。不规范，腐败，不讲伦理；还有喝的水、呼吸的空气、吃的东西都不好，怎么保养身体？难。环境变化快。

宋厚亮：怎么看家族企业的传承问题？

曹慰德：传承的一个是世界观，一个是文化，一个是人才。人才方面主要是主人公或者掌门人的领导进化。所以传承是一个进化过程，一代一代的，生意不断地在变。理解了这个，就会打破富不过三代。

宋厚亮：在中国内地，越来越多的企业开始为家族企业接班和传承而忧虑。

曹慰德：他们对家族企业的传承认知没有正确的世界观。大部分人以为传承就是子承父业，这个是传承里面的一小部分。香港中文大学的范博宏教授专门研究家族企业，他研究了亚洲2500个大的家族企业，每一次接班都会损失很多很多，40%以上的财富在慢慢损失。接班不是一个人的事，一个人不能接那么多，所以对接班的理念，对家族企业的理念不了解，就富不过三代。但是传承了三代之后就好传承了。日本的法师酒店，是1300年的家族企业，比任何朝代都长，因为他已经准确把握了家族企业的精髓，所以家族企业的传承跟人的智慧的传承没什么分别。

宋厚亮：在家族企业，家族是否应为第一位？

曹慰德：这就好比是心重要，还是胃重要？

宋厚亮：第一代企业家更重视企业，忽略了家族的关系与和谐。

曹慰德：一个人的健康，有一个身体，也有一个能量体，能量体跟身体之中是靠感受、感情、情绪来协调的。一个人要心理健康、感情健康、身体健康，这些分得开吗？分不开。只有身体健康就健康吗？

宋厚亮：接班，最重要的是培养下一代做什么？

曹慰德：接班最主要的是让下一代有方向，有抱负，有智慧，有领导力。但是把父辈做的都接过来，不能成功，时代在不停地变。以前的时代跟现在的时代完全不一样，以前的经验不能用于现在。

宋厚亮：怎样培养下一代的领导力？

曹慰德：领导跟权威是两码事，权力架构不能动摇，各个层面都可以领导。解决问题，想出办法，想出方向，不是领导吗？领导是一定要坐在位子上说才是领导吗？你给建议，他说好，你也是在领导。领导不是想着坐什么位子，领导是对事情解决方法的领导，对事不对人。权力不可挑战，解决方案可以挑战。父亲的决定是这样的，意见搞好了贯彻，发现儿子的意见行得通，想一想，对儿子说，你讲话有点对，给你试一试，领导力就来了。

宋厚亮：香港、台湾的一些企业家在上一代离世后，下一代往往陷入传承的争权夺利中，你认为问题出在哪里？

曹慰德：上一代没有在企业后面领导，而是在前面领导，导致孩子没有领导力，之后就乱领导了。会合作才是领导，一个好的领导要先学会怎么做一个跟从者，不会跟从怎么领导？没有做好跟从，直接做领导，会做好吗？跟从权力机构，学习过程，了解结果，才可以培养领导力，之后越做越好。

宋厚亮：在做好跟随者之后，要怎样做？

曹慰德：要培养有责任有管理能力的领导力。责任是什么？永远不埋怨，永远不责怪。责怪和埋怨表现的是你对关系不负责任，关系是共同产生的，你在关系里面怎么样？反思自己怎么改就好了，你改了，他更要改。这样，你才能坐在领导的位子上。管理能力跟责任感要平衡。

谈发展模式：未来是觉悟资本主义

宋厚亮：你对“资本主义”一直很有研究，现在的最新成果是什么？

曹慰德：现在中国内地也在搞市场经济，恐怕不行，到时期了，消费主义的市场经济不好。大家都在反思资本主义，现在应该做的是“觉悟资本主义”。

宋厚亮：据你看，西方的资本主义出了哪些问题？

曹慰德：过去100多年，当我们中国人在自卑、怀疑自己文化的时候，西方创造得多，破坏也很多。人们现在面临的问题，就是这种思想带来的，直接地跟环境敌对。很明显，现在环境关系的破裂，缘于社会关系的破裂，缘于家庭关系的破裂，又缘于自己跟自己关系的破裂。所以精神病人多，自己睡不着。每两个人就有一个人到50岁之前会有慢性病，美国差不多8000万人睡不着，有老人，有孩子，这个问题很大。而中国现在的问题，是加速发展。什么是中国特色社会主义的市场经济，应是精神文明和物质文明共同相辅相成发展的中国阴阳观，不应是现在外国这样的阳盛阴虚，突发事情特别多，关系破裂。因为创造也是破坏，没有阴来补一补的话，发展不会长期和持续。

宋厚亮：西方人自己没有反思?

曹慰德：他们不追求新境界，因为物质文明推动他们太久了。而中国人恰恰讲境界。人生就是提升境界，修身、齐家、治国、平天下的境界，所以我感觉中国世界观加上新科学发展观，加起来就不断成为对人类最大的贡献。要解决现在全球的问题，但没有统一的思想，没有一个新的统一的世界观去看这些问题。

1960年代，罗马俱乐部创立。罗马俱乐部是商人跟政客的圆桌会，写了很多报告，关于人类问题、食物问题、环保问题。最出名的是他们在联合国作了一篇报告文章，叫作《没有鸟的春天》，已经谈到我们现在所有的问题。不过很快就被忘记了，因为都去赚钱去了，因为“二战”之后一切的焦点都是发展经济。所以那个时候，经济学都是芝加哥市场经济学派，经济学现在也在变，从市场经济学转到社会经济学，现在谈的是复杂经济学。什么意思？就是说人有个假定，因为经济是满足欲望的行为，当一个人的欲望足够了，社会也开始富有了，经济就变了。因为欲望变了，需要的层次有很多，很多的社会关系的层次，自我实现的层次，还有超越自我的层次。当你富有，社会经济就复杂，因为需求不是那么简单，所以现在已经发展到研究复杂经济学。

要解决创造的问题，一定要超越新的境界。那么现在，全世界用一样的思路，一样的世界观，去解决一样的社会问题，解决得了吗？当然解决不了。所以要有新的境界。

宋厚亮：有没有哪些西方的思想家做过很好的反思？

曹慰德：亚当·斯密在写《国富论》之前，他写了本哲学书，叫作《道德情操论》，这就是先讲精神文明，之后再讲物质文明。追求物质文明，他讲到自由，自由地拥有，自由地交易，还有保护这个自由。不过他先讲到，要觉悟了的人再去做才可以自由。资本主义的人是物质的。不过，人不只是一个物质人，我们还是一个精神的人，感受的人。所以我们不能只看自己是一个物质的人，这两个要并行发展，而根基不是物质。

亚当·斯密那个时候要做的事情，是真正的资本主义。后来人不看他的第一本书，就看第二本书，全部跟第二本书走。人只是有一个物质的追求吗？我们的推动力是感受，我们的身体感觉不了，是我们的心感受了身体。所以我们是心灵人。物质文明有了，更加显得精神上的需要，只增加物质的满足，并不能给我们带来快乐。

谈企业家：活得太累，生活在恐惧中

宋厚亮：企业家各有各的类型，你怎么定位自己？

曹慰德：我是个企业家，但我不只是一个企业家，还是个父亲，还是个人。企业家就是我的一个工作。我先是个人，跟大家一样。

宋厚亮：中国内地的企业家更多是在强化自己的企业家身份，彰显影响力和能力。你怎么看？

曹慰德：这就是减少自己的创造力，活得累。你越是把自己定死了，你就越不能动，没有自由。没有自由，怎么可以跳舞呢？我们为什么追求自由？因为有实际用途，自由才可以变。所以我们不是有了物质文明就有自由。抵触太多，心理障碍太多，你就越不能变。

宋厚亮：和你相比，中国内地的企业家都仅仅是忙于企业，对企业之外的事情关注和思考不多。

曹慰德：我也是，我的大部分时间都投在工作里。

宋厚亮：但是你的自由空间很大。

曹慰德：周文王创造了《易经》。他被关在一个小房间里，坐牢十年，闭着眼睛，不能动，但有无穷的空间。外边不能动，里面产生了很多灵感。霍金的身体都坏了，但创造了伟大的思想，他的世界远远比我们远大得多，他的自由度远远比我们大。身体没有自由，内心空间就大。

宋厚亮：你的这些思想和心态，是企业做得更大的时候慢慢悟出来的吗？

曹慰德：企业做得越大，越烦。他控制着资源，人家看他就是资源，他对人家来说就是资源，每一个人都打他主意。能不累吗？不恐惧吗？防不胜防。

宋厚亮：你是把中国的儒释道融会贯通到家族企业的管理中了？

曹慰德：也不是融会贯通，是学以致用。什么好用就拿来用。

宋厚亮：中国的一些企业家在把企业做到非常大的规模后，开始到美国等国家的大学学习。你怎么看？

曹慰德：不是这个问题，大学教不了他们什么的。因为我们需要两个智慧，一个是物质的智慧，另一个是内观的智慧；一个是靠学习学来的，一个是在打坐里看出来的。我们每个人都受了很多的教育，但我们的这个“我”，很少是自己，父母、老师、社会、文化和政治，都围绕着我们。其实我们很失控，真正的我，被压得很低。我们的“我”，就是各式各样的要求创造出来的，没有自由。所以我们要找到自由，提升境界，不然的话，永远感觉失控。

宋厚亮：这两年，李嘉诚先生从内地撤资，引起众多议论，有人认为是政治原因，有人认为是经济原因。你的看法是？

曹慰德：商业嘛。

宋厚亮：他已开始交班给儿子，子承父业，如何驾驭复杂的内外关系？

曹慰德：父母给孩子的没有领导力，每个人都要自己去把关系调好，去拿领导权。不会去拿的就不会创造，等着的不会是领导。领导不一定是在上面领导，下面也可以领导上面的。领导力跟谁坐什么位置是两码事。对年轻的继承人来说，不要挑战权力，要挑战领导力。坐这个位置，是服从权力的结果。我跟他们接班的年轻人说，现在是创造领导力。还有，如果他们还跟父母一样有野心的话，很危险。因为，他们对有野心的环境管理不好，没有经过这个阶段。如果孩子还是有野心的话，出事的机会很大，讲得不好就会败家。我不推广野心，我推广爱心。野心是恐惧造成的。

宋厚亮：但是竞争环境总是很严峻。

曹慰德：你可以做八成的短线，两成的长线。家族企业一般不会在外面贷款很多。只有中国的家族企业贷款多，以为拿到钱就是好事，不是这样子。

宋厚亮：观察海外华人，富过几代之后，却更加平易近人，活得真实，而中国内地的企业家更多的是戴着面具，端着架子。

曹慰德：辛苦，活得累。

宋厚亮：你觉得这是不是需要一个过程实现转变？

曹慰德：三代之前活得很难，第四代生存能力大一点。为什么？需要时间去悟，顿悟很少，都是痛苦之后再悟。痛苦之后，决定不要痛苦，要开心，开始跑爱的路。痛苦的人生就是这样，越来越恐惧，最后就是两条路，跑地狱的路还是跑天堂的路？

宋厚亮：企业家的恐惧应是一种什么样的状态？

曹慰德：大部分人身在恐惧中而不知恐惧，感觉没有恐惧。例如，有点担心这个事情，担心不就是恐惧吗？他们感觉自己没有恐惧，什么都不怕。其实你一问，什么都怕。怕才可以生存，所以他们基本上又非常喜欢恐惧，以为恐惧对他们来说最好，这是很多人的状况。

谈文化：很少见到中国人活在中国文化

宋厚亮：虽然身在海外，你却非常喜欢中国文化。你怎么看当下的中国文化？

曹慰德：我在中国很难找到中国文化，我能够找到中国人谈中国文化，很少见到中国人活在中国文化。

宋厚亮：儒家讲“修身、齐家、治国、平天下”，但是我们看到很多人事业做得很大，可是很难齐家，你怎么看？

曹慰德：修身、齐家、治国、平天下，不是结果，是境界。你能包容一个家不和吗？你能包容一个国不乱吗？不能评判一个人的结果，而是评判他的境界。

宋厚亮：你在反思资本主义，研究儒释道，提出“觉悟资本主义”，你看上去更像一位学者，这些思考和研究，对你做企业有哪些作用？

曹慰德：研究这些内容，是很实际的问题。我是在不断考虑我下一代，再下一代，世世代代不就持续发展了吗。打破富不过三代之后，就知道传承并不是传承企业，也不是传承家族，而是传承人类文化精华的过程。家族企业差不多都必须思考这些问题，你好、我好、大家好，这才是可持续的，我好、大家不好，能持续吗？

宋厚亮：不过第一代很难认识到这样的问题。

曹慰德：我们中国人最讲一个“明”字，自知者明，明然后诚。我们是商人，搞商业，当然要明白，不明白怎么持续。我们到底在做什么事情，我们到底处于一个什么样的环境，过去、现在跟未来到底是怎样的关系？不研究这些，能做掌门人吗？所以，有了中国文化的背景和智慧，再加上自己的修炼，只要境界到了，就会打破富不过三代。

宋厚亮：你所提到的“境界”，主要是文化的境界？

曹慰德：有两个方面，一个是佛教说的世界观、人生观，要明白这个法、智慧；一个是看出人性真理的法，经过打坐、修炼、参禅。

宋厚亮：只有通过佛教的修炼？

曹慰德：天主教也有啊，也要祈祷念经。每个宗教都要打坐，入定跟神灵沟通。

宋厚亮：如此说，宗教的作用很大？

曹慰德：宗教是什么？宗教是解决人类痛苦，理解痛苦。圣人看破了这个道理，所以，宗教都是解决人类的这个问题。

附录

对话杜维明：目前中国没有儒商

对话易中天：做慈善是权利还是义务？

对话杜维明：目前中国没有儒商

杜维明，1940年生于昆明，祖籍广东南海。中国当代著名学者，现代新儒家学派代表人物，1996-2008年出任哈佛燕京社社长。

儒商是企业界的公共知识分子

宋厚亮：“儒商”这个词语近年频繁出现，一些有文化的企业家，甚至儒雅的企业家，都被称作儒商。作为当代新儒家的代表，你认为哪些企业家可以被称作儒商？儒商应该有怎样的内涵？

杜维明：只是在最近这几十年，中国的思想界和学术界才开始自觉地发展儒商文化。用今天的话说，儒商就是关切政治、参与社会、注重文化的企业家。他们是企业界的知识精英和公共知识分子，是对世界大势特别自觉，而且有公共意识的一批知识分子。

作为商人，儒商不完全唯利是图，他们非常重要的观念是见利思义。义利之辩中，一个很大的错误认识是要义就不要利，这完全错误。义是什么？是利益之和。义所代表的利绝对是大利，不是小利；是代表很多人的利，不是一个人的利。另外，他们获得利，不是目的本身，而是创造使人能够从事道德实践发展的条件。所以，义比利高，利和义是没有矛盾的。

宋厚亮：在你看来，儒商是“企业界的公共知识分子”，公共知识分子最重要的是需有批判精神。那么，儒商最重要的精神是什么？

杜维明：今天意义上的知识分子叫intellectual，这个概念是从俄罗斯传统里来的。他们不仅一定要批判政治、批判现实，而且一定要跟既得利益者划清界限，所以他们以批判精神特别是对政治的批判精神为特色。这个观点只是在俄罗斯的传统里有很大的影响力，也深深影响到了中国。但在法国、德国、意大利和美国却都不是这样，政治体系的人也是很了不起的知识分子，比如基辛格、约瑟夫·奈。

在中国的传统中，知识分子严格地说就是士，士君子。士在政治上有很大的影响力。判断一个人是不是知识分子，是以他是为全体人民的福祉，有为天下的情怀，还是为现实政治的一己之私为标准。所以，不是看他有没有介入政治、有没有参与政府，而是看他的价值取向、他的心态。

企业界的公共知识分子，是现代意义的儒商。他当然有批判精神，这种批判不仅仅是政治批判，还有社会批判、文化批判。但并不是说一定要跟政治划清界限，他介入政治事实上是他作为一个知识分子的责任。这是中国的老传统。

宋厚亮：按照你对儒商的定义和标准，改革开放之后出现的庞大的企业家阶层中，有哪些企业家称得上儒商？

杜维明：在中国的企业界，以严格意义上的儒商最高标准来论，我不认为目前中国的任何一个企业家有资格算儒商，儒商的观念在当今中国已荡然无存。目前中国还没有儒商，儒商需要具备深厚的文化底蕴。但是，正走在成为儒商路上的人很多，因为在中国企业界，参与社会、注重文化的人现在越来越多。

宋厚亮：有没有接近儒商标准的企业家？例如，海航集团董事长陈峰，他不仅身体力行学习、研究儒学和佛学，还把儒学作为企业文化。

杜维明：陈峰、傅成玉、马云等人，都是长江商学院“中国企业CEO课程”的第一期学员。如果他们再宽广一下，不就是儒商嘛。

宋厚亮：儒商是否一定要有自我认同？

杜维明：对。儒商的一个基本条件是文化自觉，这个文化自觉就是他有参与感。除了直接参与以外，他还要有强烈的社会责任感。

宋厚亮：子贡被称作儒商的鼻祖，他的哪些行动和思想体现了儒商精神？

杜维明：子贡有一句话说孔子，是“夫子言性与天道，不可得而闻”。性命和天道是最深层的价值，子贡对这个问题特别有兴趣，所以，看子贡和孔子的对话，很多都是谈人的终极关怀，天与人的关系。另外，子贡做生意，是做冒险投资的生意，能获大利，因此他有远见。我相信，儒学很多的发展靠子贡，子贡最忠于孔子。

子贡为儒家的发展创造了很多物质条件。他思想敏锐，非常有智慧和远见，追求天人合一，也有非常强的道德关怀。可以说，在孔子的弟子中，子贡最有企业家精神，他的事业比较宽阔，又能够发展各种不同的实业。这个传统，在儒家的文化圈一直发展。

儒家的经济理念比较符合我们今天所讲的自由主义的经济理念，它不主张政府专断。法家歧视商人，只注重耕战，儒家却非常重视商人。现在有一个非常大的错误——因为士农工商的排序，儒家重农轻商。为什么说这是错的呢？儒家认为，任何一个社会，要想成为一个复杂的社会，有三种职业是不可或缺的：一个是农民，一个是工人，另外一个是商人，商人通有无。法家则不要商人，只要两种人，农民和军人。

宋厚亮：在子贡之后的2000多年里，哪些商人可以称作儒商？

杜维明：有很多。据研究发现，很自觉地认为自己是商人，同时也具有儒商性格的商人，是从明代开始出现的。明代有一批商人，他们一方面以商人身份赚钱，同时又有一种强烈的士的情怀，有社会责任感，就成为了儒商。

晚清民国，张謇是毫无疑问的儒商，此外还有胡雪岩和荣氏家族，很多很多。

为社会有序发展发挥大作用

宋厚亮：东亚和东南亚国家和地区都属于儒家文化圈，不知儒商的传统在那里是否获得了发展？

杜维明：现在中国的儒家传统断了，要想找一个能真正代表儒商的人，在整个中国文化地区不太容易。即便找到一个，他也不一定自觉地认为自己是儒商。但这个传统在韩国和日本没有断。在印度尼西亚和马来西亚，很多有名的华人大企业家，可以算是儒商。

日本为什么没有断呢？涩泽荣一是日本实业之父，一生都在做《论语》研究，他说自己一生奉行的一句话就是见利思义。有次我碰到一个日本儒商——三菱的董事长诸桥晋六，他开玩笑似的对我说，他是家里的“黑马”，因为其他家庭成员都在做学术。诸桥家族曾主持编纂了《大汉和字典》，三菱公司也长期支持日本的东洋文库（日本最大的亚洲研究图书馆，日本三大汉学研究重镇之一），东洋文库的1/3资金来自三菱。资生堂的前负责人福原义春也是儒商，“资生”这两个字就来自《易经》中的“万物资生”。

宋厚亮：除了这几位大企业家之外，日本的企业家普遍重视儒学吗？

杜维明：数量相当大。有个叫冈田武彦的日本人，专门研究王阳明心学。有一次我去日本参加学术会，冈田武彦安排我和他长期培训的一批企业家见面。他每个星期六早上都和一些企业家讨论“四书”，特别是《大学》。在神户，他安排了400位日本企业家和我见面，其中既有中小企业家，也有大企业家，他们每周都会抽一段时间来讨论儒学。

日本还有专门培训儒商的学校，比如明德堂。培训内容既有会计等基本技术知识，也有中国传统书院的教育，教授基本的修身哲学。他们特别重视修身哲学，重视人与人之间的沟通伦理。

可以说，21世纪的领导者，除了经济资本以外，还必须要有社会资本。因此，除了科技能力以外，应特别注重文化能力；除了智商以外，应注重情商和人力资源；除了物质条件之外，应注重精神价值。如何培养文化能力，如何发扬伦理的智慧，如何开拓精神价值，这都是儒商的文明。

宋厚亮：刚才你提到日本有专门培养儒商的学校，韩国好像也有？

杜维明：对。韩国的几个大公司，现代的老板就是重要的儒商，三星也是这样。韩国的儒教大学成均馆，完全是三星在资助。文化在企业界和社会上是否起作用，要靠政府、学校、媒体和一般群众的共同努力，不可能是单向的。比如我手上这张1000元韩币（相当于人民币10元），上面印的人物是李退溪，他是韩国的大儒、韩国的孔子；上面印的建筑则是成均馆，就是太学。成均馆迄今已有600多年的历史。

相比之下，我们中国的历史就断得太厉害了，我们没有集体记忆，没有经过三代还能发挥积极作用的杂志、学校和企业。

宋厚亮：有观点认为，日本之所以能在二战后迅速崛起，同时，整个社会的价值和秩序依旧有序，其间，儒商发挥了不可替代的作用。

杜维明：的确。我们有一个最大的错误认识，认为日本明治维新是脱亚入欧，是把整个儒家传统给丢了，完全向西方学习。事实正好相反。现在日本有很多人做这方面的研究。有一个叫渡边浩的学者，是日本政治学家、思想史家丸山真男的大弟子，他研究之后认为，真正的儒家精神充分发挥积极影响力的时期是在明治。明治时期，日本人提出“和魂洋才”的思想。“和”就是大和，“魂”就是日本的精神，包括儒家理念，“洋才”就是西方的技术。事实证明，“和魂洋才”是成功的。

宋厚亮：除了日本，在“亚洲四小龙”的快速发展过程中，儒商在社会秩序的恢复，甚至社会的建设方面，是否也起到了很大作用？

杜维明：起了非常非常关键的作用。最开始是日本崛起，然后是“四小龙”。以前分析他们崛起的原因，有一个很大的错误，都是考虑外在的原因，认为可能是美援的关系，但是，受到美援最大的国家菲律宾就没有发展起来。还有人说了其他外在因素。外在因素是很重要，但不关键，关键是人的问题。假如现在在台湾的几千万人不是中国人，而是菲律宾人，他们是不是仍然可以发挥得那么好，这是个很大的问号。

大企业家要发展为社会服务的意志

宋厚亮：中国的现实问题越来越严重，诚信危机、道德崩溃，用孔子的话说就是“礼崩乐坏”。在这样一个大背景下，作为精英的企业家阶层应该担负起怎样的责任？

杜维明：儒家有个基本信念，就是越有权、越有势、越有影响力、越掌握资源和信息的人，越应该有责任感。中国没有出现完全以个人主义为导向的经济人的观点，现在经济人的观点很强，多半还是为了自己，为了自己小家庭的利益，其他人可以不管。虽然如此，但中国传统文化里的资源还是在起作用。第一，我们是一个学习的文明，所以中国的企业家打拼时，不仅向西方学习，也向日本和韩国学习。第二，我们比较宽容，没有狭隘的原教旨主义的倾向，比如说原来有三教，现在可能有五教，有不同的文明多样性的观念。第三，我们是对话的文明，我们喜欢谈天、喜欢对话、喜欢讨论、喜欢协商，因为我们有一个天下的观念，天地万物一体，这是很老的传统。

最近我到无锡，看到一副顾宪成的对联："风声雨声读书声，声声入耳；家事国事天下事，事事关心"。顾这一批人根本就是一般的知识分子，甚至不一定考得上进士，在政府也没有很大的影响力，但他们有家国天下的气派，就是中国丰富的儒家传统资源。

宋厚亮：但是这个传统已经断了。例如，现在大多数企业家就公开表示，只要把企业做好就可以了，并没有家国天下的气派。

杜维明：这个我不担心，什么原因呢？因为对于现代的中国人来说，西方的因素已远远超出了自己的传统文化，有的企业家说我把企业做好，就是尽了足够的责任。这一点错误都没有。

所谓经济人，是一种理性的动物，他们了解自己的利益，在相对自由的市场，在不犯法的前提下扩大自己的利润。他们有自由的观念，有理性的观念，有权利的观念，有法制的观念，也有个人的尊严。从儒家来看，这样一个人，至少比害人害己或损人不利己的人好了很多。

但这些还远远不够。企业家群体有领导的能力，同时还要有很多价值，就是跟儒家的传统深刻关联的那些价值必须开发出来。自由之外必须有正义、公益或平等的观念；理性之外必须有同情或慈悲的观念；法制之外一定要有礼让的观念；权利之外必须有责任的观念；个人尊严之外必须有社会和谐的观念。这就是“仁义礼智信”，它是一个经济人必须有的。

所以，如果一个企业家说，自己只要把企业搞好就尽到责任了，以他作为一个经济人的身份，我们不会批评他。但如果他是一个非常大的企业家，一举一动都会影响极大的群体，那么，除了把自己的公司管理好以外，他还应该发展服务社会的意志。儒家叫作“推己及人”，他必须向外推，不推的话就失职了。

宋厚亮：近些年，你担任长江商学院人文委员会主席，接触企业家众多。据你观察，他们对儒商和儒学的态度如何？他们有兴趣和意愿成为儒商吗？

杜维明：这个自觉是有的。我觉得一个令人欣慰的发展是，企业界本身有一种追求文化，特别是追求传统文化的意愿，在各个商学院的EMBA教育里比较明显。现在许多大学都有专门的国学培训，对象有很多都是企业界的成功人士。从比较文化学上讲，这个潮流很特殊，其他国家没有。

宋厚亮：但是这种自觉会不会是功利性的？

杜维明：有功利性的一面。现在包括慈善事业，都是为了扩大影响力，扩大声誉。这种心理可以理解。另外他们也确实出现了一种新的想法，就是在成功之外追求意义。成功之后如果不追求意义，就会失落。追求意义的人不一定会成功，比如颜回就一贫如洗，但是他有内在的愉悦。假如你追求意义，而且又做大了，就很容易把你追求意义的这种价值分享出来。越有钱越有势的人，越应该有责任感，他们有那么大的影响力，当然应该扩大服务的范围。

所以，好的大企业家，有四个方面要同时兼顾：第一是个人问题，特别是身心问题，因此很多企业家花大量时间修炼、休闲；第二是社会问题，即个人和社会之间健康互动的问题；第三是自然问题，现在企业家越来越应该注意人类和自然的关系，比如说不能把我们的家园给毁了；第四是天道的问题，就是人心和天道如何能相辅相成的问题，要有敬畏感，这是我们民族目前碰到的一个很大问题。

宋厚亮：企业家是现代社会的重要力量，他们对复兴儒学能起到怎样的作用？

杜维明：对儒学进一步的发展，儒商起的作用会非常大。学术界从事研究可能很专业和深入，但影响不够。在政治方面发展儒学，将有很大的影响力，但受到很多现实政治的影响，包括意识形态的影响，真正能够发挥积极作用的还是企业界的人。现在中国的企业家有资源，也有国际视野，如果他们有为儒学创造条件的理想，动力就比较大，影响力可能就更大了。

对话易中天：做慈善是权利还是义务？

易中天，1947年出生，湖南长沙人，厦门大学教授，中国知名作家、学者、教育家，2013年宣布写作36卷本《易中天中华史》。

中国慈善文化之源是儒家还是佛家？中国传统的慈善家是哪些人？追问做慈善的动机有无价值？做慈善究竟是可以自由选择的权利还是必须做的义务？企业家如何在使用财富上有品位？

谈传统慈善家：主要是地主和商人

宋厚亮：近年，你将主要精力投入到恢弘的《易中天中华史》的写作中，在研究与写作中，除了重点关注王侯将相和士大夫文人，是否关注到慈善或慈善家？

易中天：没有，因为我不可能那么全面地、方方面面都注意到。我写“中华史”更多的还是写制度、理念、核心价值观，这是最最重要的。牵涉到慈善这个问题，我会谈到；牵涉不到，不会谈。慈善这一块将来谈不谈到，不好说，因为“中华史”现在只完成了四分之一。

宋厚亮：如此写下去，到明清两朝商业繁荣，或许就要谈到。

易中天：明清可能会谈到，不是很肯定，因为我不是在写商业史。

宋厚亮：尽管没写到慈善，但有一个重要人物涉及慈善，就是孔子的弟子子贡，他经商，据说资助孔子到处布道，有这事儿吗？

易中天：对，有这么个说法，学术界有这个说法。子贡赞助了孔子。严格地说，这不是慈善，如果慈善的范围很宽泛的话，就是，算公益范畴，非营利行为。孔子倒是自己做慈善的。

宋厚亮：孔子做慈善的提法很新，不知有哪些具体内容？

易中天：孔夫子资助学生。一方面子贡资助孔子，另一方面孔子资助学生。因为孔夫子做过大夫，退下来后是有退休金的，会拿出一部分给学生。有一个很穷很穷的学生，孔子一直资助他，最后让这个学生当了管家。

还有一个很有意思的故事。孔子的一个学生叫公西华，做了外交官。孔子的另一个学生叫冉有，当时是孔子的管家。冉有就向孔子申请资助公西华的母亲。公西华很有派头，坐着“豪车”，一身“名牌”，哪里还需要资助？没有道理的。不过冉有有冉有的道理，他说，公西华的衣装啊、车啊、马啊都是公款，是国家出的钱，因为公西华是一国之大使，但这些不是给家里人用的。冉有还是拨了一笔款给公西华的母亲。

宋厚亮：除了孔子及弟子之外，还有一个慈善家值得关注。《史记》记载，陶朱公范蠡“十九年中三致千金，再分散与贫交疏昆弟”，可以说范蠡是最早的知名慈善家。他对后世商人影响如何？

易中天：细节已经不清楚了，还不如孔子这个有意思。

宋厚亮：许多官员也都做慈善。例如宋朝的范仲淹，在苏州捐赠千亩良田设立范氏义庄，教养宗族的贫穷人，延续千年。怎么看官员的慈善?

易中天：因为宋朝的俸禄比较高。如果是清朝官员资助他人就可疑，钱的来历搞不清楚，明清两代是低薪制。很多人做官是家里另有家产，所以严格地说他们不是以官员身份做慈善。还有一种情况，在东汉末年、魏晋南北朝时，高官都是世族，世家大族出身，自己有钱，不靠俸禄。现在也不能讲官员做慈善，官员做慈善的钱，要么是公款，要么是赃款。我不提倡官员以官员身份做慈善。

宋厚亮：士绅阶层应是做慈善的主体吧?

易中天：我们传统社会做慈善的人主要是地主和商人，或者就是你所说的士绅。我很清楚，因为我家就是这样。我的曾祖父叫易翰鼎，他原来很穷，穷得要借米下锅，后来得到晚清名臣郭嵩焘的推荐，做了一个税务所的所长，他坚持不贪污，还是很穷。直到后来上了两湖书院，年年拿奖学金，才改善生活。他的二儿子，就是我的二伯祖父，到日本留学，读日本陆军士官学校，毕业回来在新军当了一个标统，当时月薪一千多两银元，包括薪水加养廉银。所以他在当地也做慈善，如果歉收，租户的租金就免了。

宋厚亮：所以地主并非我们所听到的都是恶霸。

易中天：也有为富不仁的，也有为富有仁的。为富不一定不仁。我们一定要纠正“为富不仁”“无奸不商”这些错误的观点。

宋厚亮：教育内容有问题?

易中天：那是为了阶级斗争的需要。地主做了很多慈善，是有传统的。一旦到了灾年，地主、商人都要把粮食拿出来，熬粥、施粥。民间的这个传统一直有。

宋厚亮：所以我们往往忽视了一个“下面的问题”，在县政之下，是否主要依靠士绅阶层主持修桥铺路、教育和公益等，以此达到优良的秩序？

易中天：是，我们传统社会一直严格实行政权只到县，郡县制最基层的就是县。可能是到了明代以后，县官是不能出城的，一旦出城叫作扰民。那么县以下的乡村就是自治。要知道小农经济是男耕女织、四世同堂、聚族而居，各个乡村就是一个宗族组织，严格说宗族组织都是家人，有的富一点，有的穷一点，但是有血缘关系，慈善是本家族的调节，所以更多还不是我们现在意义上的慈善概念。所以会有慈善这个传统，很自然。

谈传统商人：富而不贵

宋厚亮：宋朝之后，尤其明清时期，徽商、晋商等商人群体出现，他们资助各地的民间书院，甚至资助文人学子和艺术家的创作。他们对更为宽广的公益也有很大贡献？

易中天：对，对。包括民国时期杜月笙这些人都做，资助文化事业。意大利的美第奇家族也是这样。钱多了就会资助文化事业。有人曾做过研究，认为美术史应该写成美术赞助史。没有这些人来赞助，包括皇族、王室、世家大族、巨商，很多艺术品不可能完成，像建筑艺术品、雕塑、壁画，都是需要钱的，自己搞不了。但是资助和慈善还是两个概念，不能混为一谈。艺术家可以接受资助，不可以接受慈善，因为在大多数人心目中，接受慈善的应该是弱势群体。

宋厚亮：资助文化艺术都是公益。

易中天：对，都是。做公益和做慈善还是不太一样。从心理层面来讲，做慈善是一种爱心，有情感；公益是认为这个事情是有意义的，这个事情需要钱，而做这个事情的又没有钱。做公益更是为了事业，比如文化艺术事业，不能说从事文化艺术事业的人是弱势群体，并不是需要同情和怜悯的对象。

宋厚亮：自明朝出现了“儒贾”，也就是现在所说的儒商，他们对儒学和文化表现出足够的亲近，结交文人，对社会公益有热情。怎么看独特的儒商？

易中天：行商坐贾，到处行走的叫商，开店的叫贾。商人亲近儒家文化有两个原因。一个原因是，中国从西周开始，就是一个宗法社会，或叫宗族社会。西周创立了四种制度：经济制度是井田制，政治制度是封建制，社会制度是宗法制，文化制度是礼乐制。秦汉以后，井田制和封建制没有了，但是宗法制和礼乐制完整地保留了下来。儒家思想与宗法制、小农经济相适应，最适合这个制度。所以商人不能例外，天然地会亲近儒家思想。

第二个原因，独尊儒术以后，历朝历代有一个制度，只有学习儒家的经典才能通过正常的途径走入仕途。而秦汉以后我们的社会就是一个官本位的社会，皇帝、皇族以下，地位最高的就是官员，我们又是个宗法社会，宗法社会讲的就是光宗耀祖。怎样才能光宗耀祖呢？读书做官。商人积累了一定的财富之后，说得难听点，就像黑社会要变成“白社会”一样，他们总觉得自己社会地位低下。因为秦汉以后，平民分四等，士农工商。有人说中国历史上是轻商的，其实严格地说不是这样的，对商业这个行当，从来没有哪个王朝会宣布商业是非法的，只是把位置排到最低，是瞧不起商人的。

宋厚亮：为什么传统中国社会一直瞧不起商人？

易中天：由于从秦始皇开始到清朝，一直是中央集权，但未必是专制主义，并不是中国历代王朝都是专制主义，应该说开始的时候是集权不专制，但是慢慢地从集权走向专制，从专制走向独裁，到了康熙、雍正的时候完全就是独裁了，不仅是专制而且是独裁了。这样的制度，是不允许民间资本超过政府的经济力量的，政府非常担心。民间资本一旦超过了政府的力量，它就会颠覆政权，因此大量地制造不当舆论，比方说无商不奸、为富不仁。这样的词汇深入人心，以致于很多人一提起商业、商人、商品就认为是贬义词，甚至可以把商业、商品、商人作为一个贬义的前提来问你问题，比方说你对学术商品化怎么看？这个问题实际上已经隐含了贬义在里面，一旦商品化就是无耻的、下流的、没有底线的、不道德的，等等，这是误导。

宋厚亮：在这样的制度环境中，商人虽然有钱，很难得到真正的尊敬？

易中天：商人是富而不贵，商人还要想成为“贵人”。汉代规定商人再有钱，不能穿丝绸，不能坐车。商人觉得赚了那么多钱都白赚了，所以汉代有个规定是可以买官的，从汉武帝时就开始卖官了，政府的钱不够用了，商人就可以改换身份，像胡雪岩，就是为了换一个黄马褂。

宋厚亮：所以他也因此受到诟病。

易中天：这个事情，我认为要给予历史的同情。当时，作为商人，第一要安全，第二是生存，第三是发展，都需要有官方背景，就捐官。平时胡雪岩也不穿官服，但是碰到一些官员欺负他，他的官服就起作用了。如果捐得个四品道台，县太爷就不敢欺负他，还得给他行礼。他获赏黄马褂，黄马褂是很管用的。

宋厚亮：同时，胡雪岩也做大量慈善，与获取黄马褂有关联吗？

易中天：不能说胡雪岩做慈善是为了黄马褂。他的黄马褂不是靠做慈善换来的，是给朝廷效力换来的，比如给左宗棠借军费，说是报效朝廷。

宋厚亮：为了安全，和政治连接在一起，这是中国历朝历代商人的宿命？

易中天：宿命。

宋厚亮：现在这个宿命还存在吗？

易中天：我们就不说现在了。

宋厚亮：那还是回到企业家自身。现在，从大众来看，大众喜欢追捧企业家；从企业家的言行看，他们是否真的改变了历朝历代的自卑？

易中天：我说中国的企业家不容易，尤其是民营企业家不容易。虽然他钱赚了很多，但是在人格和精神上好像总是低人一等，也由此造成部分企业家和富二代心理变态，暴发户到处摆阔，不懂得“朴素的牛×，低调的奢华”。民间称之为“大金牙文化”，敲掉真牙，装上满嘴金牙，戴一块金表。因为他除了钱以外没有别的，社会没有给那些确实靠自己的诚信、智慧、努力致富的人足够的尊重，总认为你的钱来路不明，当然我们也必须肯定有些人的钱就是来路不明，官商勾结，这也是事实。

但是也有企业家确确实实在扎扎实实地做事，他有钱不一定做了腐败的事情，他是有智慧的。比如一台机器坏了，谁都修不好，请来了一个美国的技师，美国技师拿着榔头敲一下，机器好了。说收费多少？一万。这一榔头就是一万呀？他说，这一榔头1美元，知道这一榔头敲在哪儿就是9999美元。很多企业家能快速致富，他就知道钱应该投在哪儿，真的靠这种智慧致富也是合法收入，我们也要尊重，不能因为人家钱来得快就不尊重人家，这没有道理。

另外，我觉得我们的企业家应该很坦然，如果你钱挣得很干净，为什么不能挺直腰杆，堂堂正正宣布你的光荣？为什么就为富不仁？不能为富有仁吗？为什么说安贫乐道，不能安富乐道吗？

谈中国慈善基因：慈善观是儒家的“仁”

宋厚亮：在美国，基督教新教是美国大商人积极做慈善的源动力。那么中国传统文化中的“慈善基因”来自哪些方面？儒家还是佛教？

易中天：传统社会，慈善观还是要归到儒家。仁义礼智信，第一条就是仁，仁者爱人，仁就是爱，孔子、孟子都说得很清楚。仁里有一条最可贵的，是推己及人，将心比心，也就是孟子说的“老吾老以及人之老，幼吾幼以及人之幼”。孔子的仁学结构，核心是爱，爱是基于什么呢？基于亲情，叫亲亲之爱，亲亲是儒家思想最核心的。孔子认为亲亲是爱父母、爱子女，这是不需要教育的，是人的天性，天然会爱。但是这也只能做到爱父母、爱子女。所以亲亲又涉及两条：一条是对等相爱，一条是顺序延伸。对等相爱就是子女爱父母，这叫孝，父母也要爱子女，叫慈，一定是双向的。顺序延伸，从孝来讲，爱父母，还有爱父母的父母……往上延伸，一直到祖宗；爱子女，还要爱子女的子女……一直到子孙万代。横向是悌，悌就是兄弟姐妹之间的爱，亲兄弟姐妹要爱，堂兄弟姐妹要爱，表兄弟姐妹要爱……等同于兄弟姐妹的国人要爱。中国人做慈善的根基在这里。

老吾老以及人之老，幼吾幼以及人之幼。亲亲而仁民，仁民而爱物。这是“泛爱”。跟西方的博爱不是一个概念。博爱的前提是大家都是上帝创造的，大家都是上帝的罪人，上帝面前人人平等。我们不是。

宋厚亮：佛家的慈悲似乎与慈善也是相通的。你怎么看？

易中天：佛家讲慈悲，儒家讲仁爱。慈悲是两个词组成的，一个慈，一个悲，慈是希望所有人都幸福，悲是希望所有人都不痛苦，不一样的。慈善的“慈”是仁慈的“慈”，是爱。由于爱而做善事，叫做慈善。这跟慈悲有差别。佛家讲不杀生，这是悲悯情怀，属于悲的范畴。寺院到灾年也会赈灾、施粥，都是基于慈。

最原始的佛教没有寺庙，释迦牟尼建立佛教并没有寺庙，他到处走来走去，一无所有，不留任何钱财。

谈企业家做慈善：是权利，不是义务

宋厚亮：民营企业历经30年发展，财富巨子越来越多，他们开始广泛捐款做公益慈善，但往往被大众认为是为了博取声名、美誉度，也就是其做慈善的动机时时被质疑。你的看法呢？

易中天：关于这个事情，我的回答很简单，四个字：不问动机。我一贯反对问动机。中国文化中有一个很不好的传统，就是先问动机。为什么不要问动机呢？第一，动机是无法证明的，永远无法证明，你不能一口咬定他做慈善是为了什么。第二，查明动机是没有意义的，有意义的是结果。如果一定要问动机的话，历史上很多事情都经不起问的。

例如美国宪法是世界第一部成文的宪法，也是一部最稳定的宪法，200多年没有改过一个字，只有修正案，但是最初制定宪法的动机高尚吗？一定不高尚。就是因为独立战争的时候，政府借款、发行国债，都还不了了，这些债主联合开会，讨论出宪法。

追问动机有什么意义呢？参加革命就是因为吃不饱饭，参加红军的人有多少知道共产主义、读过马克思？到餐馆吃饭，为什么不问厨师是为了弘扬饮食文化还是为了挣钱？兼而有之，不可以吗？我就不明白，到今天为止，中国人怎么那么爱问动机。

不要讨论慈善家是出于什么目的做慈善。关于我们的慈善事业，现在要讨论的是什么呢？我觉得是怎么做。怎么做比为什么做重要得多。因为结果是需要资助或帮助的人得到了资助和帮助。我们与其纠缠动机问题、道德问题，不如讨论方法问题，怎样把中国的慈善事业做得更好。

宋厚亮：关于怎样把慈善事业做得更好，你有哪些建议？

易中天：我希望贵刊利用你们的影响力来引导舆论方向，比如怎样建立更好的慈善组织，怎么保证善款到位，怎样保证那些需要帮助的人实实在在得到帮助，我们还要研究哪些领域还需要人去帮助。我就很想你们搭建一个信息平台，因为现在很多人想做慈善，但是他把钱给谁？是吧。我觉得你们这个有影响力的刊物可以来做这个事，这本来是政府该干的事，你们可以做，告诉我们哪些还需要善款，有哪些方式可以把善款送到位，他们需要实实在在的帮助，务实的。慈善家不可能亲力亲为，做不到，除非是从企业退下来的，很多人只是出钱而已，研究这些，比讨论动机重要得多。动机是个伪问题。

宋厚亮：除了质问动机，还有一个问题。每有大灾难，社会都会有一股让企业家捐款的强烈声音，面对这种软性的“逼迫”，企业家大多“从了”，您能从历史和现实两个维度解析一下原因吗？

易中天：这是没有道理的。我一再说慈善是权利，不是义务，有权行使，也有权放弃。我很担心在现在舆论环境下，把慈善从权利变成了义务，这就糟糕了。权利的特点是什么？可以行使，可以放弃，每个人都有慈善的权利，你捐款叫行使权利，不捐款叫放弃权利，都是合法的，都是正当的，不能够逼捐。

任何以道德名义进行的逼捐都是不道德的。不要说什么“死了以后还留下一大堆钱是可耻的”，这个话是混账话，只要这个钱是他的合法收入，他爱怎么着就怎么着。

慈善不是一个人必须做的事，是他可以做，也可以不做的事，既然是他可以做又可以不做的事，那么怎么做那是他自己的事。因此他怎么做慈善也不关你的事儿。

他们的质疑为什么要听呢？可以不听啊，他们有权利说，你有权利不听，我们又不能说不准人家说话，言论自由嘛，不能违背。

宋厚亮：问题是“逼迫”的声音太强烈，尤其借助网络，让许多人遭受困扰。

易中天：我要强调企业家的社会责任是什么！作为企业家的社会责任就是把企业做好，为社会提供更多的就业机会，为国家上缴更多税收，只要做到这两条，作为企业家的社会责任就已经尽完了，他不再承担别的社会责任。

做慈善是公民自己的事情，企业家没有做慈善的义务。谁规定企业家有做慈善的义务？不管是法律要求还是道德要求，依据是什么？请他们讲清楚。慈善一定是公民个人的事情，不能用企业的钱来做慈善，不要跟企业绑定。

宋厚亮：所以“在商言商”是对的？

易中天：是对的。

宋厚亮：但是民间是一边倒地反对。

易中天：中国缺少法治观念，从来搞不清楚权利和义务。道德绑架是一件非常危险的事，对我们这个民族产生的后果是灾难性的。

宋厚亮：所以企业家移民海外，除了不安全感外，恐怕也有对变相的

“打土豪分田地”的担忧，因此影响做慈善的积极性。

易中天：这相当于以道德名义进行强奸。任何公民的个人收入，只要是合法收入，而且依法纳税，如何支配是个人的自由，是绝对的自由，任何人无权干涉，社会和媒体舆论可以提出建议，但是不能把自己的意志强加于对方。这是基本人权。不能强加，哪怕是多数的也不行，不能变成多数人对少数人的“专政”。

宋厚亮：现在以网络为平台，确实有多数人对少数人的“专政”，你怎么看这个现象？

易中天：这是不可以的，这不是民主，是民粹。

一个人的钱怎么花，虽然是个人的自由，但是有品位的高低。我们希望和建议先富起来的人把钱用得有品位些，仅此而已，不能强迫。希望不要摆阔，要把你的钱用到最该用的地方去，把钱用得合理，用得有节制。节制是最难的，也是最高的境界。其实说来说去就是节制，欲望谁都有。有节制地、合理地、科学地使用它，将赢得公众由衷的尊敬，当你们赢得公众由衷的尊敬的时候，将会觉得自己的生活是快乐和幸福的。

把个人的钱拿去做慈善是一种高品位的选择，我建议他们做高品位的人。但是他一定要做低级趣味的人，也是他的权利。当然，我们可以看不起他，我们有权看不起他，但不能逼迫他做一个高品位的人。

宋厚亮：除了灾难、疾病和教育，您认为中国的哪些领域急需通过公益慈善寻求突破？

易中天：企业家的钱可以有多种用途，在我看来，一个企业家或企业收益的最好用途不是慈善，是扩大生产力，最好把企业做得更大些，解决更多就业问题。

做公益，但是去做哪一块，也有学问，可以用来救急灾民，也可以用来资助文化艺术事业。

我想提醒的是，愿意做慈善的企业家，扶贫不仅要扶物质贫困，还要扶精神贫困，现在很多地方不仅仅是物质贫困，精神也贫困，甚至我们现在精神比物质还贫困，精神的贫困已经不只是贫困地区和贫困人群，包括很多先富起来的人也是精神贫困。精神的贫困也是需要扶持的，也是需要善款的。这是我关于慈善的观点。

我们的终极目标还是要实现中华民族的伟大复兴。实现中华民族的伟大复兴，最重要的事情是全面提高国民素质。我个人倒是希望慈善家拿出钱来用于提高国民素质这个事业，把钱花在这儿。

后　记

◇宋厚亮

夜里11点多，我给章诒和先生发了一条私信，大意是拙著《告别土豪》即将出版，请其写几句话。

其实，我与章先生并不认识。我只是她的读者，大学时曾一读再读《往事并不如烟》，近年读了《刘氏女》等。前几年，我在微博上与章先生简单互动过几次。2011年，民间人士多有参与人大代表选举之行动。我问她：“章老师，你有没有打算参选人大代表？”先生答：“1942年生，若1982年生，肯定投入。用行动改变这个国家。”诸如此类，简短，先生大概难以记得。

当我给章先生发完私信后，一直是“在无望中等待希望”的感觉。时间过去还不到12小时，章先生给我回复了信息：“我下午发送给你，也许写得不好，可以弃用。”又过了十分钟，先生发来了一篇导读。读完，还想再读。这是一篇文字优美的哲学散文诗！先生如此扶掖未曾谋面的晚辈，令我感动感恩。

接着，我又找到好友李国武，请其帮助联系我所尊敬、喜爱的崔永元老师，请崔老师写一篇序。李国武爽快地答应，这位西北柔情汉子总是如此。很快，崔老师也答应了。序言，有了。感谢国武兄，感谢崔老师！

中央电视台的著名主持人赵普，不仅长得帅，还写得一手好字，漂亮。他为许多慈善晚宴捐出了多幅书法作品，每幅书法作品都拍出数十万元。我向赵普兄发出题写书名的邀约，他当即应允，并很快写完送来。感谢赵普兄长。

经与出版社编辑商量，决定邀请33位名人写推荐语。这是一个大胆的决定，因为很少看到哪本书有这么多的推荐语，多数为3条左右。意想不到的是，在我发出写推荐语的邀约后，大多数师友都同意了，33人的推荐语很快完成。这里有必要列出名单，以示十分的感谢。他们分别是：徐永光、刘东华、何道峰、毛大庆、王振耀、王守常、陈越光、保育钧、野夫、六小龄童、于建嵘、解玺璋、姚中秋、周令飞、袁剑、袁岳、周志兴、陈浩武、何力、余世存、杨扬、王育琨、杨锦麟、南香红、曲向东、陈伟鸿、孙伟、苏小和、加措活佛、邓飞、李翔、李志刚。

这本书是我在《中国慈善家》杂志采访报道的集结。感谢我的老板吴金豪先生，这位年轻的创业者雄心勃勃，为公益慈善行业创造了一份越来越有影响力的媒体平台，很快他还会发起创造更大的平台。还要感谢同事杜洋、白筱等。

这本书的出版，则要感谢北京日报出版社的副社长宛振文老师，他爽快地答应了本书的出版，并积极推动，贡献心力不少。感谢出版社的编辑王寅生，他负责编辑，工作细致，保证本书的更加完善。最后，要感谢我的好友、优秀出版人冯俊文，他是本书幕后的策划者。

从感恩出发，从谦卑做起。